D1727558

Felix Genn
Das Priestertum ist
die Liebe des Herzens Jesu

dialogverlag

Das Priestertum
ist die Liebe
des Herzens Jesu

Geistliche Impulse
anlässlich des
Internationalen Priesterjahres

Bibliografische Information Der Deutschen Nationalbibliothek
Die Deutsche Nationalbibliothek verzeichnet diese Publikation in der Deutschen
Nationalbibliografie; detaillierte bibliografische Daten sind im Internet über
http://dnb.d-nb.de abrufbar.

Graphische Gestaltung: Markus Nolte
Gesamtproduktion: dialogverlag Münster
Druck: Druckhaus Tecklenborg, Steinfurt
ISBN 978-3-941462-22-9
1. Auflage 2010
© 2010 by dialogverlag Münster

Inhalt

„Eine Lebensgestalt für den Ruf des Herrn"

Vorwort

Die Ausrufung des Priesterjahres durch Papst Benedikt XVI. hat mich bewogen, die verschiedenen Vorträge leicht überarbeitet zu sammeln, die ich in den zurückliegenden Jahren zum Thema des priesterlichen Dienstes in einzelnen Diözesen bei Priestertagen gehalten habe. Ich habe die Vorträge und Ansprachen, mit denen ich mich an die Priester des Bistums Essen gewandt habe, bei dieser Sammlung nicht berücksichtigt, weil sie stark von der speziellen Situation in dieser Diözese geprägt waren. Auch vor dem Hintergrund schwerer Verfehlungen Einzelner, die zurzeit den besonderen Anspruch des priesterlichen Dienstes beschämend verdunkeln, widme ich dieses Buch gern all den Mitbrüdern zur Stärkung, denen ich als Weihbischof in Trier, als Bischof in Essen und jetzt in Münster dienen durfte und darf.

Seit meinem Eintritt ins Priesterseminar im Wintersemester 1969/70 – also in wahrhaft unruhigen Zeiten – treibt mich die Frage nach dem inneren Sinn dieses sakramentalen Dienstes um. Immer wieder habe ich mich damit beschäftigt, weil ich auch selbst dem Ruf, zu dem mich der Herr geführt hat, eine Lebensgestalt geben wollte und will, die der Tradition der Kirche ebenso gerecht wird wie dem Anspruch der Vernunft. Deshalb habe ich mich schon in meiner Diplomarbeit an der Theologischen Fakultät Trier mit dem priesterlichen Dienstamt beschäftigt. Auch die Dissertation hat mich aus dieser Thematik nicht entlassen. Im Gespräch mit Augustinus und seiner Trinitätslehre habe ich versucht darzustellen, wie seine Sicht vom Amt mit seinem trinitätstheologischen Denken zusammenhängt. Von den zurückliegenden 34 Jahren seit meiner Priesterweihe habe ich 21 Jahre der Priesterausbildung gewidmet: In Trier und in Lantershofen. Das Priestertum gehört zu meinem Lebensthema, nicht nur weil ich Priester bin, sondern weil es mir zur Aufgabe geworden ist. Mein Dienst im Rahmen der Kommission für Geistliche Berufe und Kirchliche Dienste der Deutschen Bischofskonferenz lenkt den Blick immer wieder auf diese besondere Sendung im Kontext der unterschiedlichen kirchlichen Dienste und Ämter, Berufungen und Sendungen in der Gemeinschaft des Volkes Gottes, das sich geeint wissen darf durch die in der Taufe gegründete Würde, zu Christus zu gehören.

In Dankbarkeit, dass ich Priester sein darf, und dass ich vielen Priestern, vor allem als Spiritual und Geistlicher Begleiter, auf ihrem Lebensweg helfen konnte, aber in noch größerer Dankbarkeit für all das, was ich empfangen durfte, schenke ich dieses Buch im Priesterjahr der Kirche und besonders den Priestern von Trier, Essen und Münster.

Münster am Fest des hl. Ludgerus,
des 1. Bischofs von Münster,
am 26. März 2010

Felix Genn
Bischof von Münster

„Das Priestertum ist die Liebe des Herzens Jesu"

Brief an die Priester des Bistums Münster   August 2009

**Sehr verehrte, liebe Mitbrüder
im priesterlichen Dienst,**

am vergangenen 19. Juni, dem Hochfest Herz-Jesu, hat Papst Benedikt XVI. mit einer feierlichen Vesper in der Petersbasilika das „Jahr der Priester" eröffnet, das er unter den Leitgedanken der Treue gestellt hat: „Treue zu Christus, Treue des Priesters". Anlass zu dieser Initiative ist ihm die 150. Wiederkehr des Todestages Jean Marie Vianneys, des heiligen Pfarrers von Ars, dessen wir heute gedenken.

Der Heilige Vater hofft, dass dieses besondere Jahr „dazu beitragen möchte, das Engagement der inneren Erneuerung aller Priester für ein noch stärkeres und wirksameres Zeugnis für das Evangelium in der Welt von heute zu fördern".[1] Es soll ein Jahr des intensiven Schauens auf den Herrn werden und der tiefen Dankbarkeit für das Geschenk unserer Berufung. Mit den Priestern ist die ganze Kirche eingeladen, sich der Gabe und Bedeutung des Priestertums neu bewusst zu werden. Der heilige Pfarrer von Ars beschreibt diese Gabe mit ganz einfachen Worten: „Das Priestertum ist die Liebe des Herzens Jesu."[2] Im Grunde geht es also bei der Vertiefung unserer Berufung schlicht um ein Wachsen in dieser Liebe, geht es bei dem Versuch, besser zu verstehen, was es um den Priester ist, um eine je größere Annahme dieser Liebe, in welcher Gott uns alles schenken will.

Liebe Brüder, kurz vor meinem Amtsantritt vor nunmehr gut vier Monaten habe ich Ihnen einen Brief geschrieben, in dem ich meine tiefe Verbundenheit mit Ihnen und meine große Wertschätzung für Ihren treuen, oft unscheinbaren und verborgenen Dienst zum Ausdruck gebracht habe. Dieses Bekenntnis zum „vinculum communionis" möchte ich heute bekräftigen, ja, ich darf Ihnen sagen, dass es durch die vielen Begegnungen in den zurückliegenden Wochen gefestigt und mit Leben erfüllt wurde. Das macht mich sehr dankbar.

Mit diesen Zeilen nun möchte ich mich gern dem Anliegen von Papst Benedikt XVI. anschließen und Ihre Aufmerksamkeit auf einige Aspekte des priesterlichen Dienstes lenken, die er ebenfalls in seinem Schreiben hervorhebt. Mir geht es vor allem um drei Gesichtspunkte:

**Der Priester ist gerufen
und verschenkt in die Communio der Kirche.**

Angesichts der großen Belastung, der sich viele Mitbrüder ausgesetzt wissen und die manchmal zu gesundheitlichen und seelischen Zusammenbrüchen führen kann, betone ich diesen Gesichtspunkt als ersten.

Priester sein muss heute mehr denn je bedeuten: Leben in Gemeinschaft, freilich nicht in einer Nivellierung der eigenen Sendung und des eigenen Auftrags, sondern im Austausch des Glaubens, in der Mitteilung der Gaben und der gegenseitigen Hilfe und Stärkung, diesen Glauben zu einem lebendigen Zeugnis für alle werden zu lassen.

Gerade angesichts der Fusionen von Pfarrgemeinden betone ich in besonderer Weise: Die pastorale Herausforderung der Zukunft wird genau dieses existenzielle Leben der Communio der Kirche sein. Dies gilt vor allem im Blick auf die Zusammenarbeit unter denen, die als Priester, Diakone und hauptberuflich tätige Laien ihre je eigene Sendung im Dienst am Volk Gottes wahrnehmen. Hier zeigt sich, dass der Priester weder der pater familias noch der Einzelkämpfer sein kann, sondern seinen Dienst in der Kooperation mit vielen Einzelnen und vielen anderen tun muss. Der Priester ist für die Herde Christi verantwortlich. Sie ist aber weder *seine* Herde, noch *seine* Gemeinde, sondern die Herde Jesu Christi und die Kirche Gottes. Aber er ist nicht allein verantwortlich: Jeder Einzelne muss Rechenschaft ablegen darüber, wie er sein Christsein gelebt und damit auch für den Priester Zeugnis gegeben hat.

Deshalb ist es für den Priester auch wichtig, wenn er sich getragen weiß von den Gläubigen, die nicht von ihm alles Mögliche erwarten, sondern vor allem das Zeugnis des Glaubens und die Stärkung in diesem Zeugnis. Das Jahr der Priester ist also auch eine Herausforderung für unsere Gemeinden. Der Priester braucht Schwestern und Brüder, die mit ihm gehen, die nicht von ihm ständig fordern, alles machen zu sollen, die nicht eine Menge von Erwartungen an ihn allein hegen, sondern die sich eingefügt wissen in ein gemeinsames Engagement, Mitarbeiter für den Herrn zu sein. Dieses gegenseitige Tragen gilt auch im Blick auf die zölibatäre Lebensform des Priesters. Es mag sein, dass manche Menschen dieses Zeugnis nicht mehr verstehen oder verstehen wollen. Aber im Miteinander der unterschiedlichen Dienste darf der Priester auch erwarten, dass in Gemeinschaft zu sein ebenfalls bedeutet, im Miteinander der unterschiedlichen christlichen Lebensformen stehen zu können.

**So ist der Priester Hirte
und zugleich brüderlicher Gefährte
auf dem Weg des Glaubens.**

Im Zusammenhang meiner Auseinandersetzung mit dem Verständnis des Dienstamtes in der Kirche, wie es der heilige Augustinus gezeichnet hat, ist mir das Zusammenspiel von dem Bild des Hirten mit dem Bild des Schafes deutlich geworden. Augustinus versteht den Priester als Hirten und gleichzeitig als „Schaf", als Glied der Herde Jesu Christi und Weggefährte seiner Schwestern und Brüder. Wie die anderen ist er als Mitglied in der Herde Christi darauf angewiesen, vom Hirten Jesus Christus genährt und gehütet zu werden. Er ist also selbst auf die Gabe angewiesen, sich vom Wort Gottes nähren zu lassen. Umgekehrt versieht er seinen Dienst voll Dankbarkeit, dieses Wort empfangen zu dürfen, von Christus erlöst zu sein. Ja, sein Dank dem Herrn gegenüber für die große Gabe besteht genau darin, der Herde Christi jene Nahrung zu reichen, die er selbst empfangen hat, die der Herr selbst ist. Sein Dienst ist Ausdruck der Dankbarkeit.

Diese innere Notwendigkeit, dass wir nur Spender sein können, wenn wir zuvor Empfangende waren, nur Verkünder des Wortes, wenn wir in erster Linie seine Hörer sind, die schlichte Tatsache also, dass wir aus uns nichts haben, sondern alles in Ihm, bringt der Heilige Vater in seinem Schreiben mit folgenden Worten zum Ausdruck:

In der Welt von heute ist es ebenso nötig wie in den schwierigen Zeiten des Pfarrers von Ars, dass die Priester sich in ihrem Leben und Handeln durch ein starkes Zeugnis für das Evangelium auszeichnen. Paul VI. hat zu Recht bemerkt: „Der heutige Mensch hört lieber auf Zeugen als auf Gelehrte, und wenn er auf Gelehrte hört, dann deshalb, weil sie Zeugen sind." Damit in uns nicht eine existenzielle Leere entsteht und die Wirksamkeit unseres Dienstes nicht gefährdet wird, müssen wir uns immer neu fragen: „Sind wir wirklich durchtränkt vom Wort Gottes? Ist es wirklich die Nahrung, von der wir leben, mehr als vom Brot und von den Dingen der Welt? Kennen wir es wirklich? Lieben wir es? Gehen wir innerlich damit um, sodass es wirklich unser Leben prägt, unser Denken formt?" Wie Jesus die Zwölf rief, damit sie bei ihm sein sollten (vgl. Mk 3, 14), und sie erst danach zum Predigen aussandte, so sind auch in unseren Tagen die Priester berufen, jenen „neuen Lebensstil" anzunehmen, den Jesus, der Herr, eingeführt hat und den die Apostel sich zu eigen gemacht haben."[3]

Als Priester sind wir Menschen des Gebetes und von daher auch in besonderer Weise vom Geheimnis geprägt.

Damit möchte ich Ihren Blick auf besondere Weise auf die sakramentale Dimension unseres Dienstes lenken. Hier geht es nicht um ein oberflächliches Kultpriestertum, um rituelles Management, sondern es geht darum,

die Gabe des Glaubens in der Feiergestalt des Sakramentes nicht als „Zubrot des Lebens", sondern als „Grundnahrungsmittel" anzubieten. Deshalb hat die Verkündigung des Wortes Gottes, der Hirtendienst, seinen Höhepunkt in der Feier der Eucharistie, die zugleich am tiefsten
die Communio-Gestalt der Kirche darstellt und von daher
die Gläubigen nicht nur sammelt, sondern auch eint. Auf
eine Kurzformel gebracht, könnte man sagen: Priester
sein heißt Eucharistie feiern. Wir versehen nicht Funktionen, sondern wir feiern das Geheimnis, feiern jene
Wirklichkeit, die uns selbst sakramental von innen her
prägt und unser ganzes Sein durchtränkt.

Man spricht heute bisweilen vom „Kerngeschäft" der Kirche. Ich halte das für eine problematische Entlehnung
aus der ökonomischen Fachwelt. Es geht beim Evangelium um mehr als ein Geschäft, es geht um mehr als ein
Programm. Der Kern, die innere Konzentration, die Mitte,
auf die alles hin zielt und aus der alles entspringt, ist der
Herr selbst, Christus. Ihn zu erkennen, ihn immer mehr
zu lieben, um ihm immer mehr dienen zu können, wie
der heilige Ignatius in seinen Exerzitien sagt, darauf hin
lebt Kirche, damit sie anderen Verweis auf diesen Jesus
Christus sein kann. Darauf hin lebt auch jeglicher Dienst,
der in der Kirche getan wird. Dies gilt in besonderer Weise
für den, der in der Sendung dieses Herrn ihn als das Wort
verkündet und damit die Gläubigen nährt, der an Christi
statt die grundlegenden Worte spricht: „Das ist mein Leib.
Das ist mein Blut." Das gilt in besonderer Weise für den,
der die Reinigung der Herzen durch das Wort bis zu dem
Punkt einer Vollmacht, die er nicht von sich aus haben
kann, führen darf, indem er die Worte spricht: „Ich spreche dich los von deinen Sünden. Im Namen des Vaters
und des Sohnes und des Heiligen Geistes."

Es geht also um diese mystische Dimension, um die Kon-Zentration auf die Mitte, die Christus ist. Es geht um eine Freundschaft, um ein Sein, das aus dieser Christusverbundenheit tief geprägt ist. Nur auf diese Weise kann die Vielzahl der Aufgaben immer wieder zurückgebunden werden in die Mitte eines persönlichen Zusammenseins mit ihm, der Herr, aber auch Bruder und Freund, ist.

Die Menschen aus dieser Mitte zu begleiten und zu nähren und sie gleichzeitig als Brüder und Schwestern als Gabe zu empfangen, das ist unsere Sendung und unsere tiefste Freude. Darin darf sich unser Leben erschöpfen und erfüllen.

„Das Priestertum ist die Liebe des Herzens Jesu" – diese Summe unserer Existenz aus dem Mund des heiligen Jean Marie finde ich auf einzigartig tiefe Weise erschlossen in folgenden weitsichtigen Gedanken des großen Priesters und Theologen Karl Rahner:

Der Priester von morgen wird nicht der sein, der Macht hat von einer gesellschaftlichen Macht der Kirche her, sondern der den Mut hat, ... der Machtlose zu sein; der glaubt, dass das Leben aus dem Tod kommt. ... Der Priester von morgen wird der Mensch sein, dessen Beruf sich profan am wenigsten rechtfertigen kann, weil sein eigentlicher Erfolg immerfort in das Geheimnis Gottes hineinverschwindet. ... Er wird gelassen Gott siegen lassen, wo er selbst unterliegt. ... Mit einem Wort: Der Priester von morgen wird sein der Mensch mit dem durchbohrten Herzen, aus dem allein die Kraft seiner Sendung kommt: durchbohrt von der Gottlosigkeit des Daseins, durchbohrt von der Torheit der Liebe, durchbohrt von Erfolglosigkeit, durchbohrt von der eigenen Erbärmlichkeit und ... von der Unbegreiflichkeit

der Liebe, der allein im Tode zu siegen gefallen hat. ...
Wenn nun ein Priester von morgen, der so sein muss, ...
voll Sorge fragt, wo er findet, was er von sich her nicht hat,
wo er in archetypischer Einfachheit immer wieder sehen
kann, was er selbst sein soll, dann kann er nur eines tun:
sich zu seinem Herrn, dem er dient, hinwenden, auf den
schauen, den sie durchbohrt haben, und das durchbohrte
Herz Jesu Christi verehren."[4]

Liebe Brüder, diesem geöffneten Herzen Jesu vertraue ich
Sie an. Ich lade Sie ein, in diesem besonderen Jahr die
Innenseite unserer Berufung und Sendung in den Blick
zu nehmen.

Es soll keine Zeit der Aneinanderreihung besonderer Ak-
tivitäten und Veranstaltungen sein, die Sie in Ihrer ohne-
hin schon hohen Beanspruchung durch den „tägliche(n)
Andrang und die Sorge für alle Gemeinden" (2 Kor 11, 28)
noch zusätzlich belasten würden. Vielmehr begreife ich
das „Jahr der Priester" für uns alle als Einladung zur Vertiefung unseres Gebetes und des geistlichen Lebens.

Vielleicht können Sie Ihre Gemeinden einladen, an bestimmten Tagen im Monat, möglicherweise im Zusammenhang des Herz-Jesu-Freitags, eine Zeit der Anbetung
mit Ihnen zu halten, um sich in der Betrachtung und im
Gebet gemeinsam der Anziehungskraft des Herrn auszu-
setzen und dabei auch darum zu beten, dass junge Menschen den inneren Draht zu ihm finden, um sich ihm im
priesterlichen Dienst oder im Ordensleben ganz zu
schenken.

Um mich in diesem Sinne ausdrücklich betend mit einem jeden Einzelnen von Ihnen zu verbinden, schenke ich Ihnen ein Gebet, das diesem Schreiben beiliegt. Ich habe mir vorgenommen, es täglich zu beten und lade auch Sie dazu ein. Beten wir es miteinander und füreinander – besonders auch für Mitbrüder, von denen wir wissen, dass sie schwer tragen, die vielleicht um ihre Berufung ringen.

Liebe Brüder, ich danke Ihnen für Ihr Zuhören und Ihr Mitgehen. Mit Ihnen bete ich, dass der Herr Ihnen für die täglichen Herausforderungen, die jeder von uns erfährt und mitunter als große Belastung erlebt, auch für manche Prüfungen, denen er ausgesetzt ist, die nötige Kraft schenkt. Vor allem aber wünsche ich Ihnen von Herzen, in der Freude zu bleiben, die die Freundschaft mit Ihm bereit hält.

In dieser Freude grüße und segne ich einen jeden von Ihnen!

Ihr Bischof
Dr. Felix Genn

1 Schreiben von Papst Benedikt XVI. zum Beginn des Priesterjahres.

2 „Le Sacerdoce, c'est l'amour du coeur de Jésus", Nodet, Bernard, Le curé d'Ars.
Sa pensée – Son Coeur, Foi Vivante 1966, 98).

3 Schreiben von Papst Benedikt XVI. zum Beginn des Priesterjahres.

4 Rahner, Karl, Knechte Christi, Freiburg i. Br. 1967, 125-128.

Gebet zum Priesterjahr

Atemholen der Seele

Sei gepriesen, Herr Jesus Christus,
Sohn des lebendigen Gottes.
Da du die Deinen, die in der Welt waren, geliebt hast,
hast du ihnen deine Liebe erwiesen bis zur Vollendung.
An jenem Abend vor deinem Leiden
hast du für die Jünger gebetet,
die um dich versammelt waren.
Dabei hast du zugleich vorausgeschaut
auf die Jüngergemeinde aller Jahrhunderte
und hast auch auf uns gesehen
und für uns zum Vater gebetet:

„Heilige sie in der Wahrheit;
dein Wort ist Wahrheit.
Wie du mich in die Welt gesandt hast,
so habe auch ich sie in die Welt gesandt.
Und ich heilige mich für sie, damit auch sie in der Wahrheit
geheiligt sind." (Joh 17, 17ff)

Herr, du selbst betest um unsere Heiligung,
um unsere Heiligung in der Wahrheit,
im Geheimnis deines eigenen Lebens,
das Liebe bis zur Vollendung ist.
Du sendest uns, deine eigene Sendung fortzuführen.
Wir danken dir für dieses Gebet,
für diese Sendung,
für das Geschenk unserer Berufung.

Du hast uns in deine Nachfolge gerufen
und uns durch Handauflegung und Gebet geschenkt,
täglich neu in der Kraft deines Geistes deine Hingabe an den
Vater in der Eucharistie zu feiern
und in den Sakramenten den Menschen das Leben zu erschließen, das für immer fließt aus der Quelle deiner Liebe.
Durch unser Gebet und in der Verkündigung des
Wortes dürfen wir deine Gegenwart bezeugen
als Diener der Freude inmitten der Welt.
So kann das Zeugnis unseres Lebens
zur Ermutigung werden für jene,
die du heute zum Priestertum berufst.
Erwecke in ihren Herzen die Kraft der Liebe,
auf dass sie dir großherzig nachfolgen.
Sende Arbeiter in deine Ernte!

Herr, im Gebet um Treue in unserem Dienst
blicken wir auf die vielen Menschen,
die du uns anvertraut hast.
Sie sind dein,
nicht uns gehören sie.
Aber gerade deshalb liegen sie uns am Herzen.
Lass uns ihnen gerecht werden,
sie je neu mit Liebe umfangen,
auch wenn sie uns zur Last werden.
Verzeihe, wenn wir Menschen aufgegeben haben,
und heile die Wunden,
die in unserer Untreue ihre Wurzeln haben.
Schenke uns täglich neu die Kraft
zu lauterer und aufrichtiger Liebe,
zu Treue und zu der Bereitschaft,
keine Schwester und keinen Bruder aufzugeben.
Hilf uns, mit dir für sie zu glauben und zu hoffen
und sie zu lieben, wie du sie liebst. Amen.

Priester-Sein
in unruhiger Zeit

Vortrag beim Priestertag des Bistums Speyer

27. Januar 2010

Von ganzem Herzen danke ich für das Vertrauen, das mir Bischof Karl-Heinz entgegengebracht hat, im Priesterjahr Ihnen, den priesterlichen Mitbrüdern aus dem Presbyterium der Kirche von Speyer, einige Überlegungen vorzutragen, die uns helfen mögen, in der derzeitigen schwierigen Situation eines starken pastoralen Umbruchs unsere Berufung und Sendung zu leben. Papst Benedikt XVI. hat mit seiner Einladung, die Zeit vom Herz-Jesu-Fest 2009 bis zum Herz-Jesu-Fest 2010 als Priesterjahr zu begehen, einen Raum eröffnet, der uns helfen kann, uns unserer Sendung innezuwerden. Ich wünsche sehr, dass wir durch das gemeinsame Zeugnis des heutigen Tages gestärkt dem folgen können, was wir bei unserer Priesterweihe empfangen und versprochen haben.

I. Problemaufriss

Ich kann freilich nicht unvermittelt einige Gedanken zum Priestertum vortragen, ohne den Horizont abzustecken, in dem wir uns heute bewegen. Es ist zunächst einmal nicht das erste Mal, dass wir uns im Rahmen eines Priestertages anregen lassen, über unseren Beruf nachzudenken, in einer Art „kleinem Exercitium" für unser jeweiliges Heute eine Stärkung zu empfangen, die uns in unserem wunderlosen Alltag weitertragen kann.

Liebe Mitbrüder, manchmal trete ich mit Zittern und Zagen vor eine Gruppe von Priestern, weil ich einerseits davon ausgehe, dass Sie, die Sie mir zuhören, sich schon so viele Gedanken gemacht haben, Ihrem Dienst zu entsprechen, dass Sie aber andererseits gerade in den starken pastoralen Umbrüchen von mir weder die Lösung der Fragen und Probleme noch irgendein Wundermittel erwarten können. Es ist mühselig, in einer solchen kirchengeschichtlichen Stunde zu stehen, wie wir sie derzeit erleben. Sie wissen, dass ich das in sehr extremer Weise während meiner Tätigkeit als Bischof von Essen erfahren habe, mich der Herausforderung zu stellen, in einem großen gesellschaftlichen Wandel, wie ihn in besonderer Weise das Ruhrgebiet durchmacht, die pastorale Struktur der Kirche so zu gestalten, dass sie im Heute für das Morgen ihren Auftrag erfüllen kann. In unterschiedlicher Form erleben das auch die anderen deutschen Diözesen, und sicherlich wird auch das Bistum Speyer davon betroffen sein. Dabei brauche ich nicht zum wiederholten Male aufzuzählen, wie die äußeren Faktoren dieses Wandels zu benennen sind. Eines ist dabei klar: Auch wenn alle, die sich kirchlich engagieren und innerlich mit der Kirche verbunden sind, mehr oder weniger von diesem Wandel betroffen werden, so spüren es besonders die Priester vor Ort. Es belastet mich als Bischof, meine priesterlichen Mitbrüder in einer Situation zu wissen und sie auch nicht aus dieser Situation befreien zu können, in der spürbar eine bestimmte Sozialgestalt von Kirche zerbricht, vielleicht längst nicht mehr vorhanden ist, eine neue Gestalt aber nicht sichtbar am Horizont erscheint. Es ist schwer, Kirche im Übergang zu leben, und es ist für den Priester in doppelter Weise schwer: weil er die Erwartungen der Gläubigen, die mit ganz bestimmten inneren Bildern an seinen Dienst herantreten, gar nicht mehr zur Genüge erfüllen kann, und – dies wiegt schwerer – weil er die eigenen inneren Erwartungen, die er seit seiner Priesterweihe oder bereits durch Jahre der Vorbereitung geprägt in sich trägt, ebenso wenig erfüllen kann. Je mehr wir uns, liebe Mitbrüder, mit der Situation auseinander setzen, desto deutlicher spüren wir, wie überfordert wir sind. Und wer gibt schon gern zu, überfordert zu sein? Aber es ist so: Es ist eine strukturelle Überforderung, geprägt von Ratlosigkeit, nicht zu wissen, wie es weitergehen soll, und eine immer wieder neu einzuübende Anstrengung, gegen den Strom zu schwimmen, sich den Wind ins Gesicht blasen zu lassen, alles Mögliche zu tun, um dem Wort des Evangeliums den Boden zu bereiten und seine Fruchtbarkeit zu ermöglichen. Am Ende werden wir oft sagen müssen: „Vergeblich habe ich mich bemüht, habe meine Kraft umsonst und nutzlos vertan" (Jes 49, 4a). Ich wünsche Ihnen und uns, dass wir mit dem Propheten auch den Satz fortsetzen können: „Aber mein Recht liegt beim Herrn und mein Lohn bei meinem Gott" (ebd. 4b).

Könnte das Priesterjahr eine Chance sein, uns innerlich zu stärken und unseren Dienst neu zu profilieren? In der Tat, so könnte es sein; und ich finde es erstaunlich, dass dieses Jahr, von Papst Benedikt in Erinnerung an den 150. Todestag des heiligen Pfarrers von Ars ausgerufen, so viel Echo hervorgebracht hat. Freilich hat es uns auch, vor allem im deutschsprachigen Raum, in neue Auseinandersetzungen um Fragen hineingeführt, die uns schon allzu bekannt sind. Angesichts der Akzentuierung des priesterlichen Dienstes steht sofort bei uns die Frage im Raum, ob die anderen Dienste denn weniger wert sind, ob wie-

der alles mehr priesterzentriert in der Kirche gesehen
werde, und ob wir nicht endlich gelernt haben, das Priestertum in Verbindung mit dem priesterlichen Gottesvolk
zu sehen. Angesichts der Umstrukturierung und der Erfahrung großer Belastungen der Priester im Verhältnis
zu einer geringer werdenden Zahl wird neu und heftig
die Frage des priesterlichen Zölibats diskutiert, der Zulassungsbedingungen zum Weiheamt auch für Frauen und
vieles mehr, was uns aus den letzten Jahrzehnten nicht
unbekannt ist. Wenn wir zudem daran denken, dass der
priesterliche Dienst durch das Zeugnis missbräuchlicher
Ausübung mitunter sehr verdunkelt worden ist, macht es
viele müde und mürbe, den priesterlichen Zölibat als Lebensform für unseren Dienst einsichtig zu machen; und
dies fällt nicht nur Laien schwer, sondern ich kann es
auch im Gespräch mit Priestern immer wieder beobachten und feststellen. Umgekehrt fühle ich mich dann oft
in eine defensive Haltung hineingedrängt, wenn ich
meine Überzeugung bekenne, dass die Frage des Zölibats
zwar immer wieder neu zur Erklärung ansteht, aber nicht
zur Disposition. Ich erlebe dabei oft, dass dies mehr als
eine kirchenpolitische Entscheidung angesehen wird
denn als ein tiefes inneres Überzeugt-Sein vom hohen
Wert dieser Wahl der Nachfolge Christi.

Die Ausrufung des Priesterjahres mit der besonderen Intention, für die Heiligung der Priester zu beten, damit ihr
Wirken ein noch stärkeres Zeugnis für das Evangelium in
der Welt darstellt, und dies zu verbinden mit der Gestalt
des Pfarrers von Ars, der Priestersein im 19. Jahrhundert
gelebt hat, wird als höchst problematisch angesehen.
Auch im Schreiben des Heiligen Vaters zur Eröffnung
dieses Jahres der Priester treffen wir auf Zitate aus den
Schriften des heiligen Johannes Maria, die uns nicht

mehr zeitgemäß sind, mit unserer Theologie des Priestertums nicht mehr übereinzustimmen scheinen, ja, wie es Papst Benedikt in diesem Schreiben sagt, „übertrieben erscheinen".

Liebe Mitbrüder, ist das nicht alles etwas steil, abgehoben, mit unserer harten Realität völlig unverbunden, nicht mehr zeitgemäß, sprachlich nicht mehr zu vermitteln? Was heißt schon „Heiligung der Priester"? Kann man wirklich noch davon sprechen, heilig zu werden? Neulich stieß ich auf den Text eines Büchleins aus den Sechzigerjahren, das den bezeichnenden Titel trägt „An unerträglichen Tagen".[1] Wie viele unerträgliche Tage gibt es auch in unserem priesterlichen Leben! Wie viele Tage gibt es, wo uns weder nach Heiligwerden, noch nach Heiligsein, ja, nicht einmal nach Gott zumute ist! Wie viele Wolken haben sich vor den Himmel des Weihe- und Primiztages gelegt! Wie sehr machen wir die Erfahrung der Fruchtlosigkeit unseres Dienstes! Wie oft müssen wir erfahren, was Karl Rahner in dem für mich immer noch unübertroffenen Gebet „Gott meiner Brüder" formuliert hat:

„Du hast mich zu Menschen gesandt. Du hast die schweren Lasten deiner Vollmachten und deiner Gnadenkräfte auf meine Schultern geladen und mich gehen geheißen in strengem, fast barschem Wort, mich fortgeschickt von dir, weg zu deinen Geschöpfen, die du retten willst, zu den Menschen .... Oh Gott, diese Menschen, zu denen du mich von dir fortgejagt hast! Meistens nehmen sie mich, deinen Boten, gar nicht auf, und wollen deine Gaben, deine Gnade und deine Wahrheit gar nicht, mit denen du mich zu ihnen gesandt hast. Und doch muss ich wie ein aufdringlicher Hausierer auch an ihren Türen immer wieder anklopfen. Wenn ich nur wüsste, dass sie wirklich dich abweisen wol-

len, wenn sie mich nicht aufnehmen. Das wäre mir ein
Trost. Aber vielleicht würde auch ich ruhig und selbstverständlich die Türe in das Haus meines Lebens geschlossen
halten, klopfte einer wie ich daran, mit der Behauptung, er
sei von dir gesandt. Und erst die, so mich einlassen in das
Haus ihres Lebens! Ach, sie wollen gewöhnlich alles andere mehr, als was ich ihnen von dir bringen soll. ... Wie
selten will jemand wirklich ganz und ohne Abstriche die
erstaunliche Botschaft hören, dass man dich leidenschaftlich lieben müsse, dich, nicht bloß sich, dich um deinetwil-
len, nicht bloß um seinetwillen, lieben, nicht bloß respek-
tieren und sich vor deinem Gericht in Acht nehmen. Wie
selten will jemand das Geschenk deiner Gnade so entge-
gennehmen, wie sie wirklich ist: herb und klar, zu deiner
Ehre, nicht bloß zu unserem Trost, keusch und lauter,
schweigsam und kühn. Zu solchen Menschen hast du
mich gesandt. Und ich kann nicht fliehen."[2]

Liebe Mitbrüder, und wie viel Versuchungen gibt es dann,
um dem zu entfliehen, was unsere Sendung und unser
Auftrag ist: alles Mögliche zu tun, aber nicht das, was wir
tun sollen, Stress, Hektik und Hetze, in die wir einerseits
eingespannt sind, die wir andererseits uns aber auch selber machen, die Ausflüge ins Internet, die ungeordneten
Tage, Beschäftigungen, die uns vom inneren Sinn unserer Sendung ablenken ... und vieles mehr. Immer wieder
habe ich als Spiritual in der geistlichen Begleitung meiner Mitbrüder – und auch im Blick auf mein eigenes Leben – einen Wert in besonderer Weise erkannt, um den
es unerbittlich zu ringen, an dem es unerbittlich festzu-
halten gilt: die Treue zu dem, was der Herr als gutes Werk
einmal in jedem von uns begonnen hat, die Treue zu
dem, was wir dann gewissermaßen wie die Verdichtung
unserer Sehnsucht und unseres Wollens in den Primiz-

und Weihespruch gefasst haben, auf den jeder immer als eiserne Ration gerade an den unerträglichen Tagen zurückgreifen kann. Insofern, liebe Mitbrüder, finde ich das Thema des Priesterjahres gar nicht so uninteressant: „Treue zu Christus, Treue des Priesters".

Liebe Mitbrüder, von einer solchen Treue zu sprechen, das kann ich nur, wenn ich an die Treue Christi selbst denke. Von ihr her eröffnet sich für mich der Horizont, in dem ich mit Worten wie Heiligung, Heiligwerden, Heiligkeit umgehen kann. Immer wieder berührt mich, wenn ich im letzten Buch der Bibel in den Sendschreiben die Worte lese: „Ich kenne deine Werke und deine Mühe und dein Ausharren. ... Ich kenne deine Bedrängnis und deine Armut" (Offb 2, 2.9). Im Griechischen steht hier das Wort „oida". Der Herr weiß um meine Bedrängnis und meine Armut, weil er in Treue zu mir steht. Er kennt also auch Ihre Bedrängnis, liebe Mitbrüder. Wenn es schon keine äußere Verfolgung und äußere Armut gibt, so kennt er vieles, woran ich in meiner Pastoral leide, den Schwund der Zahlen, den Schwund des Mysteriums, die Einsamkeit, die letzte Heimatlosigkeit, meine Grenzen und meine Überforderung, die Verschattung meines Lebens, meine leeren Hände, Versäumtes und unaufholbare Schuld, die Unbeholfenheit meines christlichen Zeugnisses, kurzum das, was Rilke einmal in seiner unnachahmlichen Sprache in seinem „Requiem" so formuliert hat: „Wenn ich mich nachts zurückziehe in meines Herzens letzte ärmste Kammer." – Er kennt es. Aus seiner Treue will ich treu sein, um seiner Treue willen heilig werden.

II. Die Heiligung des priesterlichen Lebens

II. 1. Assoziationen

Liebe Mitbrüder, auch wenn ich weiß, dass ich mit diesen letzten Ausführungen schon ein Herzstück dieser Thematik berührt habe, so möchte ich trotzdem nicht versäumen, auf das Befremdliche dieses Begriffes hinzuweisen. Zwar verwenden wir das Wortfeld von heilig, Heiligkeit, Heiliger usw. durchaus nicht selten, aber immer in einer gewissen Distanz. Selbst wenn wir uns freuen könnten, sollte jemand zu uns kommen, der uns bittet, ihm zu helfen, heilig zu werden, wie es vom heiligen Dominikus Savio in seiner Begegnung mit Johannes Don Bosco berichtet wird, wir müssten zunächst eine Distanz überwinden. Wir sind nämlich fest davon überzeugt, dass wir alle keine Heiligen sind – und das stimmt ja auch. Aber dass Gott uns als Heilige will, stimmt ebenso. Wir wären wahrscheinlich auch etwas merkwürdig berührt, wenn wir aus unserer Gemeinde hören würden: Unser Pastor ist ein kleiner Heiliger. Wir würden nämlich sofort mithören: Er ist fromm, er ist auch irgendwie lieb, aber von der Welt und von unserem Leben hat er keine Ahnung, und deshalb ist er für uns wenig hilfreich. Wir würden nicht einmal bemerken, dass durchaus hinter einer solchen Charakterisierung auch eine Sehnsucht liegt, die Menschen anzieht. Kurzum: Der Begriff des Heiligen wirkt befremdlich.

Aber dann merke ich auch, wenn ich im Stundengebet der Laudes Morgen für Morgen spreche: „Er hat uns geschenkt, dass wir, aus Feindeshand befreit, ihm furchtlos dienen in Heiligkeit und Gerechtigkeit vor seinem Angesicht all unsere Tage" (Lk 1, 74-75). Es macht mir nichts aus, das Wort, das Gebet zu sprechen, das wie eine Tür in die Exerzitien des heiligen Ignatius führt: „Seele Christi, heilige mich." Oder ich merke auf, wenn der Präses der Evangelischen Kirche von Westfalen bei einer Begegnung den Wert des Gedenkjahres zum 500. Geburtstag des Reformators Johannes Calvin in die Worte fasst, es sei für Calvin wichtig, von der Heiligung der Christen zu sprechen und nicht bloß von der Rechtfertigung, ja, dieser Begriff sei sogar für ihn zentraler als der andere – und deshalb geht es bei der Heiligung um die Gestaltung der Welt in Gerechtigkeit. Ich merke auf, weil hier Heiligung und Gerechtigkeit in der Welt zusammengelesen werden. Ist es vielleicht doch nicht so abgehoben?

Und immer noch bleibt für mich die Vision von Johannes Paul II. für das neue Jahrtausend grundlegend, die er in seinem Apostolischen Schreiben „Novo Millennio Ineunte" in die Worte gefasst hat:

„Die Perspektive, in die der pastorale Weg eingebettet ist, heißt Heiligkeit. ... Wenn man diese grundlegende Wahrheit in Erinnerung ruft und als Basis für unsere pastorale Planung am Anfang des neuen Jahrtausends nimmt, könnte es auf den ersten Blick scheinen, dass es sich dabei um etwas wenig Umsetzbares handelt. Kann man Heiligkeit etwa ‚planen'? Was kann dieses Wort in der Logik eines Pastoralplanes bedeuten? Wer die seelsorgliche Planung unter das Zeichen der Heiligkeit stellt, trifft in der Tat eine Entscheidung mit Tragweite. Damit wird die Überzeugung ausgedrückt, dass es widersinnig wäre, sich mit einem mittelmäßigen Leben zufrieden zu geben, das im Zeichen einer minimalistischen Ethik und einer oberflächlichen Religiosität geführt wird, wenn die Taufe durch die Einverleibung in Christus und die Einwohnung des Heiligen Geistes ein wahrer Eintritt in die Heiligkeit Gottes ist. Einen Katechumenen fragen: ,Möchtest du die Taufe empfangen?', das schließt gleichzeitig die Frage ein: ,Möchtest du heilig werden?' Es bedeutet, seinen Lebensweg vom Radikalismus der Bergpredigt leiten zu lassen: ,Ihr sollt vollkommen sein, wie es auch euer himmlischer Vater ist' (Mt 5, 48). Das Konzil selbst hat erklärt, dass man dieses Ideal der Vollkommenheit nicht falsch verstehen darf, als sei es eine Art außerordentlichen Lebens, das nur von einigen ,Genies' der Heiligkeit geführt werden könnte."[3]

Johannes Paul greift hier auf das II. Vatikanische Konzil zurück, das ausdrücklich in seiner Kirchenkonstitution im fünften Kapitel programmatisch von der allgemeinen Berufung zur Heiligkeit gesprochen hat. Heiligkeit ist somit eine grundlegende Wirklichkeit, nicht etwas Abgehobenes, etwas vom normalen Leben Getrenntes, sondern gehört zentral in den Bereich unseres Christseins, grundgelegt in unserer Christwerdung durch die Taufe. Wie sehr sollte auch das für uns als Priester gelten!

Deshalb finde ich es bemerkenswert, dass Karl Rahner in den immer noch sehr lesenswerten Betrachtungen zum Priestertum, herausgegeben unter dem Titel „Knechte Christi"[4], an mehreren Stellen von der Heiligung des Priesters spricht. Ein Artikel ist ausdrücklich überschrieben: „Können wir noch heilig werden?"[5] – und dies hat er erstmals schon 1947 veröffentlicht! Die Frage bleibt aktuell, weil es um einen zentralen Inhalt unseres Glaubens und unserer Christengestalt geht.

Das Priesterjahr kann uns helfen, uns noch mehr von dem durchdringen zu lassen, was wir in der Priesterweihe und in der Taufe empfangen haben. Es kann uns helfen, zu dem zu stehen, der uns gerufen hat, der uns bis jetzt in Treue gehalten hat, und dem wir eigentlich im tiefsten Kern unseres Herzens, in unserem Seelenfunken, treu bleiben wollen. Der aber ist der Heilige allein, wie wir es im Gloria der Messe bekennen.

II. 2. „Heilige sie in der Wahrheit; dein Wort ist Wahrheit"

(Joh 17, 17)

Liebe Mitbrüder, ich möchte mich diesem Begriff der Heiligung nähern, indem ich auf eine Kernstelle des Wortfeldes aufmerksam mache und mich vom Herrn selbst inspirieren lasse, was er unter Heiligung und Heiligwerden versteht. Dabei treffe ich auf das Abschiedsgebet aus dem 17. Kapitel des Johannesevangeliums, das wir für gewöhnlich das „Hohepriesterliche Gebet" nennen. Dabei überlasse ich es der theologischen Diskussion, ob der Evangelist Johannes auf dem Hintergrund der Liturgie des jüdischen Versöhnungstages Jesus deutlich als Hohen Priester gezeichnet hat, finde es aber der Erwähnung wert, dass Rudolf Bultmann in seinem Kommentar bemerkt, Jesus spreche hier mit dem Begriff der Heiligung von seinem Lebensopfer: „Jesus, der Heilige Gottes (Joh 6, 69), erweist seine Heiligkeit dadurch, dass er sich für die Seinen opfert. Wie seine Sohnschaft, seine doxa nichts ist, was er für sich hat, sondern wie sein besonderes Sein, kraft dessen er Gottes Sohn ist, sein Sein für die Welt bzw. für die Seinen ist, so ist seine Heiligkeit nichts anderes als der Vollzug dieses seines Seins für die Welt, für die Seinen. ... Im Opfer ist er in der göttlichen Weise so gegen die Welt, dass er zugleich für sie ist – für die Seinen, sofern sich an ihnen verwirklicht, was er für die Welt ist."[6] Ich habe das deshalb zitiert, weil ich bei diesem unverdächtigen Zeugen darauf aufmerksam machen kann: Die Begriffe der Heiligung und der Heiligkeit haben zentral mit Hingabe und Liebe für die Welt zu tun. Bei Bultmann übrigens spielt diese Verbindung von Heiligung und Opfer auch deshalb eine so wichtige Rolle, weil er davon überzeugt ist, dass der Evangelist Johannes „den Bericht von der Stiftung des sakramentalen Mahles durch das Gebet Jesu ersetzt".[7]

Der uns, liebe Mitbrüder, zunächst einmal etwas fremd erscheinende Begriff der Heiligung gehört zentral in die Christologie. Johannes ist in besonderer Weise Garant für dieses Zeugnis. Schon im zehnten Kapitel, nach der Hirtenrede, bemerkt der Evangelist, dass der, der hier in der Auseinandersetzung mit den Juden spricht, der ist, „den der Vater geheiligt und in die Welt gesandt hat" (Joh 10, 36). Die Heiligung durch den Vater und die Sendung in die Welt werden zusammengelesen. Das gilt erst recht für den Text im Hohepriesterlichen Gebet: „Heilige sie in der Wahrheit; dein Wort ist Wahrheit. Wie du mich in die Welt gesandt hast, so habe auch ich sie in die Welt gesandt. Und ich heilige mich für sie, damit auch sie in der Wahrheit geheiligt sind" (ebd. 17, 17-19). Mit dem griechischen Begriff des Heiligens wird in der Septuaginta die Weihe von Opfertieren bezeichnet. Deutlich ist: Es geht um das Einbeziehen einer Wirklichkeit in den Bereich Gottes, darum, dass hier in unserem Text die Jünger mit der Art und Wesenheit Gottes durchdrungen werden. Es geht also darum, dass der, der allein der Heilige ist, Anteil gibt an seiner Art und Wesenheit, die aber im Kern nichts anderes ist als sich total verschenkende Liebe und Hingabe, also Opfer.

Papst Benedikt hat in seiner Predigt am Gründonnerstag des vergangenen Jahres in der Missa chrismatis diese Verse in großer Tiefe ausgelegt. Die Jünger werden in diesem Gebet herausgenommen aus ihren unmittelbaren weltlichen Zusammenhängen und in die Wirklichkeit Gottes gestellt. Es geht nicht um eine Heiligung sakramentaler und ritueller Art, wie sie im alttestamentlichen Tempelkult vollzogen wurde. Es geht auch nicht darum, durch Erfüllung der Gebote heilig zu werden. Es geht vielmehr darum, in der Wahrheit, genauer gesagt im Wort Jesu, so zu leben, dass diejenigen, die darin stehen, einerseits ganz hineingenommen sind in die Welt Gottes, in seine Heiligkeit hineingezogen werden und ganz aus dem Eigenen weggenommen sind, und dass sie zugleich gesandt werden in die Welt, weil sie gerade in dieser Wahrheit und in diesem Wort gut gerüstet sind, die Welt in die Welt Gottes hineinzuführen. Jesus selbst nimmt sich aus den weltlichen Bezügen, in die er durch seine Menschwerdung und durch sein Leben voll hineingestellt ist, heraus, indem er sich in Liebe mit seinem ganzen menschlichen und göttlichen Dasein dem Vater opfert und so alle Opferhandlungen des alten Bundes erfüllt, damit alle, die zu ihm gehören, die in seinem Wort stehen, in dieser Liebe und Wahrheit geheiligt sind. Letzten Endes lebt Jesus aus dem Gehorsam gegenüber dem Vater, sich ganz seinem Willen hinzugeben, damit dessen Name geheiligt werde und dessen Reich komme. Der belgische Exeget Ignace de la Potterie, der sich viel mit der johanneischen Theologie beschäftigt hat, spricht an dieser Stelle ausdrücklich von dem totalen Gehorsam Jesu an den Willen des Vaters, der sich in der dauernden Hingabe während seiner ganzen menschlichen und irdischen Existenz vollzieht. Diese Hingabe erfüllt sich am Kreuz.[8]

Liebe Mitbrüder, um unseren Dienst in der Welt zu tun, kommt es also wesentlich darauf an, in der Wahrheit Jesu Christi zu leben. Deshalb möchte ich hier die tiefen Worte Papst Benedikts aus seiner erwähnten Predigt zitieren:

„Die Jünger werden also in Gott hineingezogen, indem sie in das Wort Gottes eingetaucht werden. Das Wort Gottes ist gleichsam das Bad, das sie reinigt, die schöpferische Macht, die sie umformt in Gottes Sein hinein. Und wie ist es da mit uns? Sind wir wirklich durchtränkt vom Wort Gottes? Ist es wirklich die Nahrung, von der wir leben, mehr als vom Brot und von den Dingen dieser Welt? Kennen wir es wirklich? Lieben wir es? Gehen wir innerlich damit um, sodass es wirklich unser Leben prägt, unser Denken formt? Oder formt sich unser Denken nicht doch immer wieder aus alledem, was man sagt, was man tut? Sind nicht doch oft genug die herrschenden Meinungen der Maßstab, an dem wir uns messen? Bleiben wir nicht doch in der Oberflächlichkeit all dessen, was sich dem Menschen von heute ebenso aufdrängt? Lassen wir uns vom Wort Gottes wirklich inwendig reinigen?"[9]

Wie also der Sohn sich dem Vater vollständig zur Verfügung stellt und nichts Heiligeres kennt als den Vater, so möchte er es auch uns lehren. Dazu hat er uns geweiht und gesandt. Das ist in der Taufe bereits grundgelegt, sodass bei der Priesterweihe der Bischof ausdrücklich betet: „Erneue in ihnen den Geist der Heiligkeit." Das ist die Grundlage, weil wir mit Christus, dem Wort Gottes schlechthin, dem, der der Weg, die Wahrheit und das Leben ist, seit unserer Taufe vereint sind, ja, in ihn, wie es der Apostel Paulus sagt, eingepflanzt wurden, in die Gleichgestalt seines Todes (Röm 6, 3). Auf dieser Grundlage basiert das Amt, das wir aus der Hand des Herrn

empfangen haben, und das uns, wie es die Weihepräfa-
tion sagt, „die Teilhabe am Priesterdienst" schenkt, die
„unser Anteil für immer sei". Nur deshalb kann das Leben des Priesters „für alle Vorbild und Richtschnur" genannt werden.

II. 3 Folgerung

Nachdem wir nun, liebe Mitbrüder, aus biblischer Perspektive und in einem geistlichen Horizont uns vertraut
gemacht haben mit dem Wortfeld von Heiligung, Heiligkeit und Heiligwerden, dürfen wir daraus einige Konsequenzen ziehen. Vielleicht stört uns dabei, auf die Gestalt
des Pfarrers von Ars zu schauen. Vieles kommt uns
fremd, ältlich, absolut nicht mehr zeitgemäß vor. Mancher von uns wird sich damit nicht nur schwer tun, sondern auch ablehnend ihm gegenüber stehen. Sicherlich
kann jeder andere Priester Gestalten aus der Gegenwart
wie aus der Vergangenheit als Stütze wählen, dem Grund-
anliegen gerecht zu werden, ganz zum Herrn zu gehören
und immer mehr hineinzuwachsen in die Christusge-
stalt, damit auch wir mit dem Apostel sagen können:
„Nicht mehr ich lebe, sondern Christus lebt in mir. Soweit
ich aber jetzt noch in dieser Welt lebe, lebe ich im Glauben an den Sohn Gottes, der mich geliebt und sich für
mich hingegeben hat" (Gal 2, 20). Es mag uns vielleicht
abschrecken zu sagen, dass Christus für uns alles ist. Es
mag abschrecken, weil wir wissen, wie viel anderes uns
und unsere Seele besetzt, bisweilen auch gefangen hält.
Ich wage es trotzdem, so zentral zu sprechen, weil ich
genau weiß, dass das Herz eines jeden von uns nichts
anderes in der Tiefe wollte, als Christus zu lieben und zu
ihm zu gehören. Das war es doch, was uns getrieben hat,

diesen Weg zu beschreiten und in diesen Dienst zu treten. Das ist es doch, was uns hält bei all unserem Versagen, in all unserer Resignation und Müdigkeit. Er ist es doch, der unsere Hoffnung und Zuversicht ist, dem wir gehören wollen im Leben wie im Sterben. Oder ist es anders? Wenn Philipp Neri in einer Situation der Kirche, die wahrhaftig nicht goldig war, immer gebetet hat: „Jesus, sei mir Jesus", dann kann ich das eigentlich doch auch!

Aber damit darf ich auch meinen Blick doch noch einmal auf den Pfarrer von Ars wenden und ihn bitten, dass er uns provoziert mit seiner Art, auch wenn er uns an manchen Stellen fern bleibt. Ich greife drei Aspekte heraus, die mir bis ins Konkrete hinein diese Heiligung in ganz besonderer Weise aufleuchten lassen:

II. 3.1 „Seelsorge heiligt den Seelsorger"

Liebe Mitbrüder, Sie kennen vielleicht den Titel dieses Büchleins von Georg Mühlenbrock.[10] Auch wenn dieses Buch schon über 40 Jahre alt ist, so hat es von seinem inneren Wert nichts verloren. Zudem ist mir in der Betrachtung der Aussagen des II. Vatikanischen Konzils über den priesterlichen Dienst deutlich geworden, dass das Konzil ausdrücklich vom Dienst und Leben der Priester spricht und nicht umgekehrt. Was hat den heiligen Pfarrer von Ars immer wieder neu angetrieben, wenn nicht die Sorge um die Menschen? Es wird berichtet, dass er angesichts der großen Schwierigkeiten, die er mit dem Latein während seines Studiums hatte – denn so dumm, wie er manchmal hingestellt wird, war er gar nicht; er hatte große Schwierigkeiten, Latein zu lernen und den Vorlesungen in Latein zu folgen – deshalb nie aufgegeben hat, weil er an die Seelen dachte. Dieses Motiv ist urtümlich für eine priesterliche Berufung, dass man wahrhaftig nicht mehr sagen kann: „Heilig zu sein, das hebt vom Boden ab." Übrigens wollte auch der heilige Ignatius nichts anderes als „den Seelen helfen (animas iuvare)". Wie oft darf ich lesen, wie oft darf ich hören, dass als Motivation, den priesterlichen Dienst anzutreten, bis zur Stunde genau das gedacht wird. Und wie oft, so muss ich leider auch mit großem Schmerz sagen, muss ich erfahren, dass das einer der wundesten Punkte unseres Dienstes ist. Wie viele Menschen erfahren uns nicht geprägt von einer caritas pastoralis – und dies nicht, weil wir zu wenig Zeit hätten aufgrund der vielen Pfarreien, sondern weil uns manchmal die Liebe zu den Menschen abgeht. In der Tat: Sie können einem lästig werden, sie können einen belasten, sie können einen ärgern, sie können einem auf den Geist gehen.

In solchen Augenblicken, liebe Mitbrüder, denke ich an den Herrn selbst: „Vierzig Jahre war mir dies Geschlecht zuwider, und ich sagte: Sie sind ein Volk, dessen Herz in die Irre geht; denn meine Wege kennen sie nicht" (Ps 95, 10).

Oder: „Hört auf mich, ihr vom Haus Jakob, und ihr alle, die vom Haus Israel noch übrig sind, die mir aufgebürdet sind vom Mutterleib an, die von mir getragen wurden, seit sie den Schoß ihrer Mutter verließen. Ich bleibe derselbe, so alt ihr auch werdet, bis ihr grau werdet, will ich euch tragen. Ich habe es getan, und ich werde euch weiterhin tragen, ich werde euch schleppen und retten" (Jes 46, 3-4).

Oder: „Da sagte Jesus: O du ungläubige und unbelehrbare Generation! Wie lange muss ich noch bei euch sein? Wie lange muss ich euch noch ertragen?" (Mt 17, 17) – das alles sagt der, den wir den Heiligen nennen, oder um mit dem

Propheten Jesaja fortzufahren: „Mit wem wollt ihr mich vergleichen, neben wen mich stellen? An wem wollt ihr mich messen, um zu sehen, ob wir uns gleichen?" (Jes 46, 5).

Liebe Mitbrüder, das ist die tägliche Mühsal der Liebe. Wenn Seminaristen mich fragen, was ich für die Zukunft des priesterlichen Dienstes als absolut notwendig ansehe, dann antworte ich immer ganz schlicht: „Die Menschen zu lieben. Sie sind, wie sie sind." Das heißt ja nicht, dass wir sie nicht ändern können durch unser Wort und unsere Verkündigung. Christus will ja, dass sein Wort zur Umkehr führt. Er will heilen nicht nur am Leib, sondern auch an der Seele. Er will läutern bis ins Fegefeuer hinein. Aber er ist eben gnädig und voll Erbarmen ohne Grenzen. Deshalb berührt es mich sehr, wenn der heilige Pfarrer von Ars ausdrücklich sagt: „Der Priester ist nicht Priester für sich selbst, er ist es für euch." Oder: „Es ist eine grobe Lästerung zu sagen, dass die Barmherzigkeit Gottes eine Grenze hat. Aber sie ist grenzenlos. Nichts beleidigt Gott mehr, als an seiner Barmherzigkeit zu zweifeln."[11] Das ist auch der Pfarrer von Ars!

Hier möchte ich in besonderer Weise an eine Gruppe von Menschen erinnern, für die es eine besondere Sensibilität braucht. Es ist nicht ohne Grund, wenn sowohl bei der Diakonen- als auch bei der Priesterweihe (und mit einer ähnlichen Formel bei der Bischofsweihe) die Kandidaten gefragt werden: „Seid ihr bereit, den Armen und Kranken beizustehen und den Heimatlosen und Notleidenden zu helfen?" Durch meine Tätigkeit im Ruhrgebiet ist mir gerade dieser Aspekt unseres Dienstes ganz besonders nahe gerückt. Nicht als ob es das vorher nie gegeben hätte. Aber in dieser Gemengelage, vor allem im Blick auf so viele arbeitslose Jugendliche, die keine Ausbildung und keinen Arbeitsplatz erhalten, muss die Kirche Anwalt der Armen sein. Wie steht es um unsere Pfarrgemeinderäte in dieser Hinsicht? Nehmen die Pfarrgemeinden genug in den Blick, dass wir als Christen ganz besonders für diejenigen da sind, die uns nichts zurückgeben können? Gerade die Sensibilität für die Menschen, die vom Sozialprodukt her gesehen nichts bringen, ist das Kriterium, ob es mit uns als christliche Gemeinde, als Priester, ja, ob es um unsere eucharistische Frömmigkeit stimmt.

II. 3.2 Wertschätzung des Bußsakramentes

Liebe Mitbrüder, von hier aus ergibt sich von selbst die hohe Wertschätzung des Bußsakramentes, die wir unmittelbar mit der Gestalt des Pfarrers von Ars verbinden. Hier berühren wir natürlich einen sehr wunden Punkt unserer kirchengeschichtlichen Situation. Sie haben an einem Priestertag mit Bischof Wanke, dessen Vortrag ich damals auch dankbar gelesen habe, über dieses Thema gesprochen. Ich brauche es hier nicht zu entfalten. Auch dieses Problem können wir nicht von jetzt auf gleich lösen. Aber wir könnten zunächst einmal selbst wieder beichten gehen, falls wir es für unsere eigene Lebenspraxis abgeschrieben haben. Ich kann nicht Menschen zum Bußsakrament hinführen, wenn ich selber dieses Sakrament nicht mehr pflege. Dazu bedarf es sicherlich eines scharfen Blickes auf die unangenehme und mitunter peinliche Wirklichkeit der Sünde. Es geht nicht darum, den Menschen Höllenangst einzutreiben oder ständig von Sünde und Schuld zu sprechen. Aber vielleicht haben wir in den letzten Jahrzehnten im Unterschied zu den Jahren zu Beginn des 20. Jahrhunderts die Akzente verschoben von einem strafenden zu einem gnädigen Gott. Es geht aber nicht um Dialektik, sondern um die Einheit der Person Jesu Christi, der eben ein gnädiger Richter ist. Er ist voll Huld und Erbarmen, aber er ist auch Richter, weil er uns gerade richten muss angesichts unseres Denkens und der immer wieder in uns lebenden Tendenz, auf uns selbst fixiert zu sein und letztlich doch nicht seinem Projekt zu trauen, dass die Liebe alles zu verändern vermag. Mich berührt ein Satz wie der des Pfarrers von Ars: „Dieser gute Heiland ist so von Liebe erfüllt, dass er uns überall sucht." Oder: „Nicht der Sünder ist es, der zu Gott zurückkehrt, um ihn um Vergebung zu bitten, sondern Gott selber läuft dem Sünder nach und lässt ihn zu sich zurückkehren." Das erinnert mich an das Schreiben Papst Johannes Pauls II. zum Jubiläumsjahr 2000: „In Jesus Christus spricht Gott nicht nur zum Menschen, sondern er sucht ihn. Die Menschwerdung des Sohnes Gottes ist Zeugnis dafür, dass Gott den Menschen sucht. ... Es ist eine Suche, die dem Innersten Gottes entspringt. ... Gott sucht den Menschen, gedrängt von seinem väterlichen Herzen."[12]

Sie spüren, liebe Mitbrüder, wie das seelsorgliche Wirken unmittelbar mit diesem speziellen Aspekt unseres sakramentalen Tuns zusammenhängt. Was wäre gewonnen, wenn wir uns ernsthaft in unseren Pastoralkonferenzen Gedanken machen und uns Kopf und Herz zerbrechen, wie wir den Menschen die Schönheit dieser Vergebungsbereitschaft Gottes, die im Sakrament der Beichte ihren Höhepunkt erfährt, neu bewusst machen können! Wir müssen vielleicht auch Formen suchen, ohne den kirchlichen Rahmen verändern zu müssen. Die Größe Gottes zu zeigen, den Ernst der Verantwortung eines jeden unverwechselbaren Lebens und die Weite der unendlichen barmherzigen Liebe, die uns bis zum Letzten (vgl. Joh 13, 1), bis zum Äußersten des Kreuzes geliebt hat, immer wieder neu zu verkünden, dazu einzuladen, dafür sollte uns nichts zu viel sein.

II. 3.3 Der Wert der Aszese

Liebe Mitbrüder, von diesem Gedanken her wird uns auch klar, was es um die Askese ist, die uns in ihren Formen aus den Lebensberichten des heiligen Pfarrers von Ars eher abstoßen und erschrecken als anziehen und zur Nachahmung reizen. Aber abgesehen davon, dass es hier auch bei jedem seine eigene Berufung gibt (vgl. 1 Kor 7, 24), so dürfen wir uns doch selbstkritisch fragen, ob Askese in unserem Leben überhaupt noch eine Rolle spielt. Hoch im Kurs scheint sie nicht zu stehen. Dabei sagt das Wort nichts anderes als: „Übung".

Uns kommt es doch in der Tat übertrieben vor, wenn wir an die Geißelungen denken, die der Pfarrer von Ars seinem Körper zugefügt hat, sodass er dabei ohnmächtig wurde. Wenn ich solches lese, bin ich nicht nur erschreckt, sondern denke: „Der Pfarrer von Ars hat sich gegeißelt, und ich gehe zur Massage." Beides ist nicht zu verachten, aber beides kann übertrieben werden. Wahrscheinlich hat dem Pfarrer von Ars ein Beichtvater nicht die Grenzen gewiesen. Aber wahrscheinlich pflegen wir uns mehr, als angemessen ist. Eines ist auf jeden Fall klar: Übungen der Buße haben höchst diskret zu erfolgen und sind letzten Endes nur zu billigen, wenn sie aus einer tiefen Liebe zum Herrn kommen. Ich bin überzeugt davon, dass viele von Ihnen ebenfalls in großer Diskretion manches auf sich nehmen, wovon der andere nichts weiß und auch nichts zu wissen braucht. Hier gilt auch das Wort des Herrn: „Wenn du Almosen gibst, lass es also nicht vor dir herposaunen ... Wenn du Almosen gibst, soll deine linke Hand nicht wissen, was deine rechte tut. Dein Almosen soll verborgen bleiben, und dein Vater, der auch das Verborgene sieht, wird es dir vergelten" (Mt 6, 2a.3-4), und ebenso spricht der Herr im Blick auf das Fasten. Welche Askese muss manch ein Familienvater und manch eine Familienmutter aufbringen, wenn sie sich in der Geduld üben! Wie viel Gehorsam ist im Alltag eines Berufslebens erforderlich, wie viel Verzicht, mitunter bis zur Selbstaufgabe!

Aber machen wir es ganz konkret: Was ich eben als Folgerungen aus dem Gesamthorizont der Heiligung unseres Lebens dargestellt habe, braucht doch auch Übung. Es braucht die Mühsal der täglichen Übung, in der Liebe und Treue zu bleiben. Kann das nicht manchmal schon eine harte Askese sein? Denken wir nur an die vielen kleinen Dinge, wenn sie denn überhaupt als klein zu bezeichnen sind: zum Beispiel die Mühsal, um eine tägliche Ordnung im Gebetsleben bemüht zu sein. Oder ich zitiere den heiligen Pfarrer von Ars: „Ja, meistens zu fürchtende Versuchungen, die viele Seelen verloren gehen lassen, sind die kleinen Selbstliebegedanken, Selbstschätzungsgedanken, die kleinen Beifälle auf alles, was man macht." Für mich ist es erstaunlich, dass dieser Mann, von dem so viele Fastenübungen berichtet werden, einmal gesagt hat: „Eine Stunde Geduld ist mehr wert als mehrere Tage Fasten." Wie wahr! Und doch könnte mitunter das Fasten mehr sein als bloß eine Kur, die uns wieder einige Pfunde abtrainiert und abverlangt. Wie viel stilles Fasten, aus Liebe getan, könnte manches seelsorgliche Bemühen unterstützen! Jeden solchen Verzicht kann der Herr verwenden, weil die Liebe in ihrer Kreativität und Phantasie unendlich viele Möglichkeiten zu entwickeln vermag, die unseren pastoralen Dienst stützen können. Ich denke daran, dass es nicht sinnlos ist, weil unser Ringen um ein keusches und dem Zölibat angemessenes Leben, aus Liebe dem Herrn geschenkt, manches an Mühsal und Schwierigkeit in Ehen und Familien unserer Gemeinden mittragen kann. Zu Weihnachten schenkte mir jemand ein Lineal. Darauf stand: „Gottes Liebe kann man nicht messen." Man braucht auch die eigene nicht zu messen, aber sie darf genauso vielfältig, bunt, schlicht, gewaltig, groß und klein sein, wie wir die Liebe eben im Alltag erleben.

Wir sprachen von der Liebe zu den Menschen, die für den Priester von heute und morgen unabdingbar ist. Aber gerade diese Liebe zu den Menschen bringt uns mitunter in eine große Ohnmacht: Wir verkünden ihnen leidenschaftlich und mit dem höchsten inneren Antrieb, dass sie doch dem Herrn glauben, der frohen Botschaft des Evangeliums, und doch entscheiden sie sich nicht dafür. Diese Ohnmacht auszuhalten, den anderen in Freiheit zu lassen, die Spannung zu ertragen, die zwischen der klaren Entschiedenheit für das Evangelium ohne jegliche Abstriche und den Entscheidungen der Menschen besteht – denken Sie an das eben zitierte Gebet von Karl Rahner –, ist das nicht auch eine asketische Übung, kann das nicht ebenso weh tun wie eine äußere Geißelung? Es ist leicht, die Spannung aufzulösen in die Härte den Menschen gegenüber oder in die Laxheit, alles nicht so schlimm zu sehen. Aber dem pastoralen Seeleneifer gemäß ist und bleibt das Ausgespanntsein, das uns in die Gleichgestalt seines Kreuzestodes bringen kann.

Schließlich möchte ich Sie auf einen Text aus dem Propheten Jesaja aufmerksam machen, der für unsere pastorale Situation eine Hilfe sein kann. Wir sind ja durchaus auch geprägt von der Mentalität unserer Zeitgenossen, in der alles schneller, effizienter, funktional gut gehen muss. Aber wir sind auf dem Acker Gottes. In seiner Liebe gelten andere Maßstäbe. Er kann sich daran freuen, wenn sich eine samaritanische Frau bekehrt und kann dann den Jüngern sogar sagen, „dass die Felder weiß sind, reif zur Ernte" (Joh 4, 35). Deshalb berührt mich für unser Ringen, Sorgen, für die Frustrationen und Resignationen, aber auch für den nicht zu übersehenden Wachstumsprozess neuen geistlichen Lebens, das Wort des Propheten Jesaja:

„Horcht auf, hört meine Stimme, gebt Acht, hört auf mein Wort! Pflügt denn der Bauer jeden Tag, um zu säen, beackert und eggt er denn jeden Tag seine Felder? Nein, wenn er die Äcker geebnet hat, streut er Kümmel und Dill aus, sät Weizen und Gerste und an den Rändern den Dinkel. So unterweist und belehrt ihn sein Gott, damit er es recht macht. Auch fährt man nicht mit dem Dreschschlitten über den Dill und mit den Wagenrädern über den Kümmel, sondern man klopft den Dill mit dem Stock aus und den Kümmel mit Stecken. Zermahlt man etwa das Getreide (beim Dreschen)? Nein, man drischt es nicht endlos, man lässt die Wagenräder und die Hufe der Tiere nicht darübergehen, bis es zermalmt ist. Auch dies lehrt der Herr der Heere; sein Rat ist wunderbar, er schenkt großen Erfolg" (Jes 28, 23-29).

III. Schluss

Verehrte, liebe Mitbrüder, ein paar Anmerkungen zum Priesterjahr, die ich als mitbrüderliche Unterstützung unseres gemeinsamen Dienstes verstanden habe. Am Schluss kann und möchte ich mit Ihnen beten, oder besser gesagt, ich möchte Sie darauf hinweisen, dass Sie alles vergessen können, nur das eine nicht: Wenn wir am Ende unseres Lebens doch sagen könnten: Wir haben das „Vater Unser" verstanden, wir können es jetzt mit vollem Herzen beten, und wir hoffen auch, dass wir den uns anvertrauten Menschen so viel Hilfen gegeben haben, damit auch sie das „Vater Unser" beten können, dann dürften wir dankbar dem Herrn entgegengehen. Wir hätten nämlich verstanden, was er wollte, uns Gott als barmherzigen Vater zu zeigen, der Himmel und Erde gemacht hat, und in dessen Namen unsere ganze Hilfe steht. Deshalb möge doch sein Name in Ehren gehalten werden, ja geheiligt, ganz das bleiben, was er wirklich von innen her ist. Dann kann sich sein Reich der Liebe, der Gerechtigkeit, der Wahrheit und des Friedens ausbreiten. Dann macht uns das Wort, sein Wille möge geschehen, keine Angst. Vielmehr wird es unsere Nahrung, wissen wir, dass wir täglich versorgt sind, und können darauf hoffen, dass er uns in seinem Erbarmen unsere Schuld vergibt und die Kraft schenkt, einander zu verzeihen, dass er uns vor der Versuchung bewahrt, ihn zu verlieren, ihm nicht mehr zu trauen, ja, dass er uns von allem Bösen befreit. Dann können wir sagen: „Denn Dein ist das Reich und die Kraft und die Herrlichkeit für alle Ewigkeiten und alle Zeiten." So soll es doch sein, liebe Mitbrüder, oder nicht?

1 L. Jerphagnon, An unerträglichen Tagen, Graz ⁷1964; den Hinweis verdanke ich Bischof Bode in seinem Buch F.-J. Bode, Priester – Wurzeln und Visionen einer spannenden Berufung, Osnabrück 2009, 121-122.

2 K. Rahner, Gott meiner Brüder, in: Worte ins Schweigen, Innsbruck 1965, 52-57; Zitat: 52-53.

3 NMI 30. 31.

4 K. Rahner, Knechte Christi, Freiburg 1967. Ich habe weder bei diesem Werk noch bei dem o. g. Werk „Worte ins Schweigen" nachgeprüft, in welchem Band der Rahner-Gesamtausgabe sich diese Texte heute finden.

5 Ebd., 86-101.

6 R. Bultmann, Das Evangelium des Johannes, Göttingen ¹⁹1968, 391.

7 Ebd., 392.

8 Diesen Hinweis verdanke ich dem Kommentar von R. Schnackenburg, Das Johannesevangelium, Bd. III, in: Herders Theologischer Kommentar zum Neuen Testament, Freiburg 1975, 213. Die gesamte Auslegung dieser Verse in ebd., 210-214.

9 Predigt von Papst Benedikt am Gründonnerstag, 9. April 2009 in: OR 39 .

10 G. Mühlenbrock, Seelsorge heiligt den Seelsorger, Donauwörth 1962.

11 Die Zitate aus dem Mund des Pfarrers von Ars habe ich weitgehend dem Schreiben des Papstes an die Priester zur Eröffnung des Priesterjahres entnommen, in: OR 39 (2009) Nr. 26, 7-9. Da im Laufe dieses Priesterjahres auch an anderen Stellen Zitate von Johannes Maria auftauchen, die ich nicht weiter verifizieren konnte, habe ich mir erlaubt, sie ohne Quellenangabe zu verwenden. Die herbe Gestalt Vianneys stellt überaus detailgetreu seine erste Biographie heraus: F. Trochu, Der Pfarrer von Ars, Christiana-Verlag 2001.

12 Johannes Paul II., Apostolisches Schreiben Tertio Millennio Adveniente 7.

Das Priesterverständnis
des heiligen Augustinus

Vortrag vor den Priestern des Bistums s'Hertogenbosch

19. Oktober 2009

Verehrte, liebe Mitbrüder im priesterlichen Dienst, liebe Schwestern und Brüder, die Sie als Laien im Dienst Ihres Bischofs und der Gemeinden dieser Diözese stehen!

I. Einleitung

Es ist mir eine große Freude und eine hohe Ehre, heute im Rahmen Ihrer Vorträge zum Priesterjahr, das Papst Benedikt XVI. ausgerufen hat, zu Ihnen zu sprechen. Durch meine Ernennung zum Bischof von Münster ist mir bewusst geworden, wie tief die Verbindungen zwischen der Kirche von Münster und der niederländischen Kirche gehen. Hatte ich in früheren Zeiten schon den einen oder anderen Kontakt mit Mitbrüdern aus Ihrer Heimat, so habe ich gerade durch die Jubiläumsfeierlichkeiten in Roermond und hier in s'Hertogenbosch erfahren, dass wir nicht nur ideell und durch die Verbundenheit in der katholischen Kirche, sondern auch durch unsere Geschichte enger und tiefer zusammengehören. Etwas einfach ausgedrückt: Der heilige Liudger macht es möglich!

Ihm bin ich ja durch meinen Dienst in Essen sehr nahe gekommen, und ich empfinde es als eine besondere Fügung, dass der Herr mich ausgerechnet im 1200. Jahr des Todes dieses großen Missionars aus Ihrer Heimat und des ersten Bischofs von Münster zu seinem 75. Nachfolger gerufen hat.

Ich möchte auch noch eine biographische Randbemerkung anfügen: Als Priester des Bistums Trier mit seiner langen Geschichte seit der römischen Kaiserzeit habe ich ein großes Empfinden für geschichtliche Zusammenhänge gelernt und eingeübt. In einem Vorort von Trier, der heute zur Stadt gehört, Pfalzel genannt, existierte im Frühmittelalter ein Frauenkloster, das von der heiligen Adula geleitet wurde. In diesem Kloster begegnete der Enkel dieser Adula, die als Witwe in das Kloster eingetreten war, dem heiligen Bonifatius. Fasziniert von dieser Gestalt begleitete Gregor – so sein Name – Bonifatius auf seinen Missionsreisen und wurde von ihm als Gründer des Klosters in Utrecht eingesetzt. Er war dort der Lehrer des heiligen Liudger. Außerdem ist Trier die Partnerstadt von s'Hertogenbosch! So knüpfen sich die katholischen Bande von meiner Heimatdiözese Trier bis zum heutigen Tag hier bei Ihnen. Und immer war es, so möchte ich aus dem Anlass unserer Zusammenkunft sagen, selbstverständlich, dass es in der Kirche den priesterlichen Dienst gab, der zur Verkündigung des Wortes Gottes und zur Feier der Sakramente im Dienst am Heil der Gläubigen eingesetzt war. Ich hoffe, dass ich Ihnen helfen kann, die Dimensionen Ihres Dienstes in ganz anderen Zeitumständen und nach den über 40 Jahren seit dem II. Vatikanischen Konzil mit seinen großen Veränderungen in der Kirche tiefer zu verstehen und Ihnen zu helfen, dass Sie fest und treu in der Gemeinschaft Ihres Presbyteriums mit Ihrem Bischof stehen können.

Sie haben mit Ihrem Bischof das von Papst Benedikt XVI. ausgerufene Priesterjahr aufgegriffen und zum Anlass genommen, Ihre Sendung tiefer zu bedenken. Ich weiß nicht, wie dieses Jahr bei Ihnen in den Niederlanden aufgenommen wurde. In Deutschland erlebe ich durchweg eine positive Aufnahme, höre aber auch zugleich kritische Stimmen. Wie könnte es anders sein; denn dieser Dienst, den es zu bedenken gilt, ist umstritten! Für manche ist der Rückgriff auf die Gestalt des heiligen Pfarrers von Ars ein Anachronismus; und dies wird gesagt bei aller Hochschätzung vor dem Lebenszeugnis dieses großen französischen Priesters. Hängt es damit zusammen, dass weder Askese noch das Bußsakrament besonders gefragt sind? Oder tun wir uns angesichts der anderen kirchlichen Dienste, der Diakone und der Gemeinde- bzw. Pastoralreferentinnen und -referenten und ihres Miteinanders mit dem priesterlichen Dienst schwer, eine der, wie man in Deutschland manchmal sagt, pastoralen Berufsgruppen besonders hervorzuheben? Für andere ist das Priesterjahr der Anlass, alle Fragen um den priesterlichen Dienst aufzurollen, die Problematik der Verbindung von Priestertum und eheloser Lebensform, die Frage der Frauenordination, aber auch der Gedanke, ob Priester ins Amt berufen werden sollten, ganz gleich, welche sexuelle Veranlagung sie haben, wie ich es kürzlich in einem Leserbrief zur Kenntnis nahm.

In einem Artikel der Zeitschrift „Christ in der Gegenwart" konnte man neulich viele dieser Einwände finden. Die politische Aussage ist klar: Die Kirchenführung scheut Reformen und nimmt deshalb die „Verelendung des Kernlebens der Kirche hin". Deshalb nähmen viele Katholiken Abschied vom sakramentalen Verständnis des Priestertums, wozu auch priesterlose Gottesdienste beitrügen, die Tendenzen in Richtung einer katholischen Freikirche verstärkten.[1] Bei aller berechtigten Kritik an der etwas zu steil formulierten Vorstellung vom priesterlichen Dienst beim Pfarrer von Ars und bei allem Problembewusstsein um viele Fragen des priesterlichen Dienstes kommen wir meines Erachtens nur weiter, wenn wir den Weg der Kirche gehen, den sie seit dem II. Vatikanischen Konzil auch für die Priester vorgelegt hat: Der sakramentale Ordo der Weihe, das Weihepriestertum, gehört wesentlich zur katholischen Kirche, ihrem Selbst- und Amtsverständnis. Deshalb haben wir uns in diesen Dienst begeben, nicht, weil wir einen sozialen Aufstieg erleben wollten, sondern weil wir dem Herrn dienen wollten. Jeder von Ihnen wird dazu einen anderen inneren Zugang entwickelt, aber hin und wieder bis jetzt schon davon Zeugnis gegeben haben. Ich möchte Ihnen helfen, dass Sie in das innere Verständnis unseres Dienstes hineinfinden, indem ich mit Ihnen einen Blick auf die Geschichte der Kirche werfe und dazu den mir von Ihrem Bischof vorgelegten großen Theologen der alten Kirche vorstelle, den Bischof von Hippo, den heiligen Augustinus.

Papst Benedikt XVI. versteht das Priesterjahr auch als eine Einladung, dass die ganze Kirche, zusammen mit den Priestern, um deren Heiligung betet. Vielleicht mutet das manchen merkwürdig an. Da stehen auf der einen Seite die großen Fragen, die immer wieder von Neuem in die Diskussion gebracht werden und die ich Ihnen bereits nannte, und dann, fast weltfremd erscheinend, steht da der Aufruf zur Heiligung der Priester. Verzeihen Sie mir, liebe Mitbrüder, aber ich halte nur letzteren Weg für den angemessenen. Je heiliger wir werden, je heiliger die Kirche wird, umso mehr wird sie nicht aus einem bloßen

Affekt heraus, sondern vom Heiligen Geist geführt, die Fragen der Zeit lösen können, ja, sie wird auch zu einer tieferen Erkenntnis dessen finden, was die Kirche mit den Grenzziehungen in den Fragen des priesterlichen Dienstes wollte, und vielleicht wird es uns Bischöfen dann im Urteil der Nachgeborenen besser gehen, weil wir konservativ an der Gestalt des Priestertums festhalten, das eben zölibatär und nur Männern vorbehalten ist.

Heiligung – das lässt an die Taufe denken, in der wir in Christus eingepflanzt wurden, aber auch an unsere Priesterweihe, die uns in der Tiefe mit Christus engstens verbunden hat, sodass wir in seinem Namen und Auftrag die sakramentalen Worte sprechen können, die Himmel und Erde verbinden. Müssen wir uns dann nicht wirklich Tag für Tag um mehr Heiligung bemühen?

Aus dem Leben und Werk des heiligen Augustinus möchte ich Ihnen dazu einige Anregungen vermitteln. Da ich mich in den Niederlanden befinde, möchte ich erwähnen, dass ich immer noch klassisch – bis heute – eine Zusammenfassung des seelsorglichen Wirkens des heiligen Augustinus in dem Buch von Frits van der Meer, „Augustinus, der Seelsorger", finde.[2] Was ich Ihnen heute vortrage, ist das Ergebnis meiner Doktorarbeit, die ich 1985 an der Theologischen Fakultät Trier zum Thema „Trinität und Amt nach Augustinus" abgegeben habe.[3]

II. Zugänge zum Thema

„Langsam haben wir uns müde diskutiert über das Priesterbild. Alle Argumente sind bekannt, und zu jedem gibt es immer irgend ein Gegenargument, sodass der Streit längst zum Grabenkrieg geworden ist, in dem jeder nur noch seine eigene Position bestätigt."[4] Diese Beschreibung der Diskussion um das Verständnis des kirchlichen Amtes, von Joseph Ratzinger im Jahre 1972 ausgesprochen, hat, wie wir in der Einleitung meines Vortrages gesehen haben, an Aktualität bis heute sicher nichts verloren. Die Diskussion während des Zweiten Vatikanischen Konzils und in der Zeit danach wählte den Begriff „Dienst" („ministerium") als Leitwort, um das Wesen des Amtes in der Kirche zum Ausdruck zu bringen.[5] Die Forschungsarbeiten über Augustins Amtsverständnis, die bereits im Bannkreis der Theologie des Zweiten Vaticanums stehen, stellen in mehr oder weniger gleicher Akzentuierung den Terminus „Dienst" in den Vordergrund.[6] Um einem stark hierarchisch geprägten Denken von Über- und Unterordnung zu wehren, erscheint Augustins Sicht hilfreich. Seine Auseinandersetzung mit den Donatisten hat ihn dazu geführt, das kirchliche Dienstamt vor allem christologisch zu bestimmen: Der Priester ist Diener Christi. Christus selbst ist der eigentlich in den verschiedenen Diensten Wirkende. Das, was der Priester beiträgt, sind äußere Handlungen; die Gnade spendet Christus allein. Er vollzieht sein Werk des Heils unabhängig von der sittlichen Qualität des jeweiligen Amtsträgers. Da aber ein theologischer Streit immer einen Aspekt in besonderer Weise herausstellt, bleibt zu fragen, ob die eben skizzierte Erkenntnis über das Wesen des kirchlichen Amtes, die aus der Auseinandersetzung mit den Donatisten gewonnen wurde, nicht eingeordnet werden muss in den größeren Zusammenhang der augustinischen Theologie, die in anderen Schriften sichtbar wird.

Im Hintergrund meiner Überlegungen und meiner Untersuchung stand eine Aussage von Joseph Ratzinger, der ein Wort Augustins aus Serm. 340,1 in den Zusammenhang mit dessen Trinitätstheologie bringt. Die Stelle aus der augustinischen Predigt ist seit dem Zweiten Vaticanum zu einem klassischen Topos geworden, um sowohl Augustins Amtstheologie darzustellen, als auch darüber hinaus grundsätzlich Priestertum zu verstehen. Die Aussage: „Für euch bin ich Bischof, mit euch bin ich Christ" ist Beleg dafür, dass das Amt selbst in die Kirche eingeordnet ist.[7] Ratzinger vermutet bei der Interpretation dieses Augustinuswortes, dass dessen Lehre von den Relationen – im Zusammenhang seiner Trinitätstheologie entwickelt – von ihm auf das Amtsverständnis angewandt werde: „Amt ist ein Relationsbegriff. ‚Ad se' ist jeder nur Christ ... ‚Pro vobis', d. h. in der Relation auf die anderen hin, wird man Träger des Amtes."[8] Ratzingers Gedanke ist zunächst eine Hypothese, von der er selbst behauptet, dass man sie „nicht strikt wird beweisen können".[9]

Diese Überlegung war Ausgangspunkt meiner Untersuchung über Trinität und Amt nach Augustinus. Dabei sollte es nicht darum gehen, einen zeitlichen Zusammenhang zwischen der Entwicklung des trinitarischen Relationsbegriffs und der Entfaltung des Amtsverständnisses herzustellen, noch darum aufzuweisen, dass beide Lehren innerlich voneinander abhängen. Wohl aber kann die Frage erörtert werden, ob nicht die Denkstruktur Augustins grundlegend das Relationale so in sich begreift, dass formal das Amt als Relationsbegriff aufgefasst werden kann. Über das bloß Begriffliche hinaus muss allerdings die Fragestellung sich ausweiten auf die Problematik des inneren Zusammenhangs vom Dienst des Amtes und dem von der Trinität gewirkten Heil. Ist das Amt nur christologisch oder nur ekklesiologisch-funktional zu bestimmen? Oder ist es möglich, es auch von der Trinität her zu sehen und damit das Heil, das sich in Christus offenbart und im Heiligen Geist vollzieht, in Verbindung zu bringen mit dem, was das kirchliche Amt ist und tut?[10]

III. Trinitätslehre und Amtstheologie

III. 1.   Die Relationstheorie Augustins und ihr Ertrag für die Amtstheologie

Die schwierige Frage, wie der menschliche Geist die Einfachheit Gottes und sein dreifaltiges Geheimnis als Vater, Sohn und Geist begreifen kann, hat Augustin bekanntlich dadurch gelöst, dass er – das aristotelische Kategorienschema überschreitend[11] – in Gott eine begrifflich unreduzierbare Opposition von Relation und Substanz denkt. Danach nennen die Bezeichnungen „Vater" und „Sohn" ihre Beziehungen, ohne eine Verschiedenheit in der Substanz auszusagen.[12] Die Relation bezeichnet die Unterschiede in Gott. Relation und Substanz besagen und sind die eine Wirklichkeit Gottes. Der Vater hat sein Sein als die Person des Vaters nur in seiner Beziehung zum Sohn, der Sohn nur in Beziehung zum Vater, der Geist als Gabe nur in Beziehung zu Vater und Sohn. Für sich betrachtet ist jeder Gott. Sie sind ein Gott. Die Beziehung von Vater und Sohn ist eine unumkehrbare Relation, die Augustin durch Beispiele veranschaulicht. Ich nenne eines:

Mehrere Male erwähnt Augustin die Beziehung von Herr und Knecht.[13] Sie wird zwar gern mit dem Blick auf Gott in seiner Bezeichnung „dominus" gebraucht,[14] gilt jedoch auch allgemein: „So wie aber ein Knecht nicht sein kann, der keinen Herrn hat, so auch nicht ein Herr, der keinen Knecht hat."[15] Auf sich hin ist der Herr Mensch, auf den Sklaven hin Herr.[16] Damit ist grundsätzlich die Aussage von Herr und Diener als eine relationale charakterisiert. Dieses Begriffspaar taucht in den Aussagen über das Amt und das Verständnis des Dienstes immer wieder auf.

Eine genaue Untersuchung der Wortfelder ministrare – ministerium – minister und servitus – servire – servus ergibt, dass die Bezeichnung „servus" gegenüber „minister" die grundlegendere ist, weil sie das Christsein als einen Dienst der Liebe versteht. Diese Knechtschaft meint Sohnschaft Gottes und zugleich Freundschaft mit Christus. Auf den kirchlichen Diener angewendet, drückt „servus" sein Christsein aus, das ihn als „conservus" mit den anderen verbindet. Der Begriff „minister" zeigt die Konkretion dieses Knechtseins als Amtsträger im Leib Christi.[17] Treffend hat Augustin die Einheit und Differenz der beiden Wortfelder und ihrer Wirklichkeit zusammengefasst in der Formel, die Taufe erfolge „per servi ministerium".[18]

Im „ministerium" vollzieht sich das Knechtsein des Amtsträgers. „Servus" ist also als Relationsbegriff zu verstehen, der freilich nicht nur vom Priester wie vom Christen allgemein gilt, sondern von Christus selbst. Er ist als Herr „servus" geworden, aber in der „forma servi" Herr als Haupt des Leibes.[19] Christus ist Herr in Bezug auf seine Knechte, seinen Leib. Aber er ist es – und hier wird nun der rein formale Relationsbegriff aufgebrochen –, indem er selbst Knecht wird, indem er in den Knechten lebt und wirkt.

Man kann, wenn man Kirche und Trinität zusammen betrachtet, sogar sagen: In sich ist er Gott, Sohn ist er bezogen auf den Vater. Im Blick auf die Kirche ist er in sich
Gottes Sohn – was er ja im Grunde nicht in sich, sondern
nur auf den Vater bezogen ist –, in Bezug auf die Kirche
ist er der Herr, der dient. Er ist Herr, weil er Knechte hat.
Aber er ist dies nur, weil die Knechte in ihm sind und er
selbst Knecht ist. Christus ist der Kirche gegenüber der
auf den Vater bezogene Sohn und der auf sie bezogene
Herr-Knecht: Herr, weil sie ihm dient, da er ihr diente,
und Knecht, weil er ihr dient. Christus ist ganz Entäuße-
rung und Bezogensein und deshalb wahrhaft „servus“,
der „servus“ schlechthin. Wie aber der Titel „servus“ nicht
nur den einzelnen Erlösten, sondern auch Christus gilt,
so bezeichnet er auch die Kirche, die Augustin ebenfalls
als „servus Dei“ bezeichnen kann.[20] Auch hier bedeutet
die Bezeichnung ebenfalls eine Beziehung: Das Dienen
der Knechte, auch des Knechtes Kirche, gilt dem Herrn,
Christus, vollzieht sich aber im Dienst an den Menschen.
Es hat nur den einen Bezug: Christus in den Menschen.[21]
Auf den Amtsträger übertragen heißt das: Er steht in einer doppelten Beziehung: einmal zu dem Herrn, der
Christus ist, und dann zu dem Herrn, der die Gläubigen
sind; sagt Augustinus doch einmal an einer Stelle in den
Confessiones: „Sie sind deine Diener, meine Brüder, und
diese deine Kinder sollten – so ist es dein Wille – meine
Herren sein, denen du mich zu dienen geheißen hast,
wenn ich mit dir von dir leben will.“[22] Die Gläubigen sind
Diener Gottes, seine Söhne. Einander sind sie Brüder. Ihnen dient der Bischof – und das gilt selbstverständlich
auch für den Priester –, sodass sie für ihn geradezu Herren sind. Aber dieser Dienst ist Befehl von Christus als
dem eigentlichen Herrn. Dienst an den Gläubigen erweist sich so als Dienst für den Herrn. Prägnant drückt

Augustin dies so aus: „Servi vestri sumus, sed in Jesu."[23] Der Bischof und Priester ist nicht zuerst Diener Christi und dann in einer moralischen Folge Diener der anderen, sondern er ist bereits in Jesus und durch ihn der Knecht aller. Er ist gleichzeitig und in Einheit Diener Christi und der Kirche.

Ratzinger ist also bei seiner Interpretation von Serm. 340,1 auf der richtigen Spur. Glaubte er den Zusammenhang von Relationstheorie und Amtstheologie nicht strikt beweisen zu können, so ist mit den genannten Stellen der Beweis formal geführt. Das Relationale gehört zur Struktur des augustinischen Denkens, freilich vom aristotelischen Kategorienschema gelöst und vom Glauben her neu gefasst. Von hier öffnet sich der Blick auf die Theorie vom priesterlichen Dienst grundsätzlich: Wenn der Priester – Diener Christi und der Gemeinde – in einer Beziehung gesehen wird, und wenn man dazu bedenkt, dass Augustinus die Kirche als Leib Christi sieht, und dann diese beiden Gedanken zusammenfasst – der Priester in Christus Diener –, dann löst sich die Spannung, die in den neueren Diskussionen um das priesterliche Amt vorherrscht: ob es ontologisch oder funktional bestimmt werden soll.

Wäre die Beziehung des Priesters zu den Gläubigen nur akzidentell, somit nicht notwendig, dann bliebe zwar eine enge ontologische Bestimmung von der Christusbeziehung her, doch sie wäre theologisch zu kurz. Ist dagegen die Relation des Priesters zur Gemeinde nicht akzidentell, weil jener an der innerkirchlichen Relation teilnimmt, damit aber auch die Christusbeziehung des Priesters sich in diesem Raum vollzieht, dann ist der Gegensatz von ontologischem Priesterbild (im Sinn einer exklusiven Bezogenheit auf Christus) und funktionalem (im Sinn einer bloßen Bestimmung des Amtes von dem gemeinsamen Christsein her) überschritten in den Raum des Zusammenwirkens von Christus und Geist in dem einen Leib.

III. 2. Zusammenhang von Trinität, Kirche und Amt

Mit diesen Überlegungen eröffnen sich Dimensionen, die auch inhaltlich und material zeigen, wie sehr die Lehre vom Amt mit der Lehre vom dreifaltigen Gott zusammengeht. Dies soll noch etwas näher betrachtet werden:

III. 2.1. Das Heilswirken des dreifaltigen Gottes

Die Grundtendenz des Menschen geht nach Augustinus hin auf die Glückseligkeit.[24] Diese Glückseligkeit ist nur in Gott zu finden, darin, Gott zu genießen.[25] Gott selbst aber kommt dem Verlangen des Menschen entgegen durch die Erlösungstat Christi, indem er in dessen Erniedrigung und Blut seine Liebe erweist, von der Sünde reinigt und so zum Heil und zur Erleuchtung als Teilnahme am Leben Gottes führt.[26] Das Erlösungswirken in Inkarnation, Kreuz und Auferstehung[27] sieht Augustin als Werk der gesamten Trinität: „Alles wirkt also zugleich, der Vater, der Sohn und beider Geist in gleicher und einträchtiger Weise."[28] Dieses Handeln des dreifaltigen Gottes[29] wird für den Menschen Wirklichkeit im Raum der Kirche.

III. 2.2. Zusammenhang von Trinitätstheologie und Ekklesiologie

Augustinus bemerkt einmal: „Der Mittler, der durch das Opfer des Friedens mit Gott versöhnt, ... hat jene zur Einheit mit sich verbunden, für die er opferte."[30] Hier richtet sich der Blick auf die Kirche, die sein Leib ist. Im Sohn sind wir verbunden. Diese Einheit steht aber in einem inneren Zusammenhang mit dem Heiligen Geist selbst, der die Einheit und „communio"[31] von Vater und Sohn ist, und der auch uns, d.h. die Gläubigen, die Kirche mit diesem Gott[32] und untereinander[33] verbindet. Diese Einheit bedeutet Glückseligkeit. Das Heil der Glückseligkeit, die der Mensch erstrebt, und die Gott schenkt und ist, wird von Augustinus also mit der Einheit zusammen gesehen.[34] Die Einheit ist die der communio der Kirche, in der die Einheit Gottes durch den Geist erkennbar und greifbar wird. Das Heil ist somit an die Kirche gebunden.

Dieses Werk der Einheit der Kirche ist als Werk Gottes in besonderer Weise dem Heiligen Geist zugeschrieben, weil er die communio in Gott ist. Durch das Wirken des Geistes wird Kirche zum Tempel der Trinität.[35]

Veranschaulichen mag diesen Zusammenhang eine Stelle aus De trin. XV 19,34[36]. Augustinus setzt sich hier mit verschiedenen Schriftstellen auseinander, die von der Gabe Christi sprechen. Eph 4,8-12 spielt dabei eine besondere Rolle. Die Gabe Christi ist der Heilige Geist. Wenn von „Gaben" im Plural die Rede ist, so in Bezug auf den Leib Christi: Christus als Haupt gibt die Gaben durch die *eine* Gabe, die der Geist ist.[37] Sie alle zielen auf die Auferbauung des Leibes Christi. In diesem Zusammenhang taucht im Anklang an Ps 126,1 das Bild vom Haus auf, das erbaut wird: Der Leib Christi – das sind die Erlösten – ist die Kirche, ist dieses Haus[38], zu dessen Bau die Geistesgaben dienen und das der Geist selber baut. Kirche erweist sich als Ort des Wirkens des Geistes. Kirche wird also hier nicht bloß christologisch verstanden, sondern der pneumatologische Aspekt bindet vom Gedanken der Communio her Kirche in das trinitarische Geheimnis Gottes selbst ein.

III. 2.3. Zur Amtstheologie

Amt als ein Dienst in der Kirche steht in diesem Zusammenhang. In De trin. XV 19,34 zählt Augustinus mit Eph 4 zu den Gaben die verschiedenen Ämter: Apostel, Lehrer, Hirten, Evangelisten. Ihre Einsetzung ist Werk Christi und seine Gabe im Heiligen Geist.[39] Trinitarisch formuliert: Sie sind Werk des in Sohn und Geist heilsgeschichtlich wirkenden Gottes. Das Amt erweist sich von dieser Überlegung her als christologisch und pneumatologisch zugleich verstanden. Es gibt keinen Gegensatz zwischen dem Werk Christi und dem des Geistes, weil das Amt zu den Gaben Christi gehört, die in der einen Gabe des Pneuma enthalten sind. Die Amtsträger stehen im Werk des Geistes und im Heilswerk Christi. Das möchte ich mit folgenden Hinweisen vertiefen:

• Ein Zusammenhang mit dem Wirken des Heiligen Geistes, der die caritas ist, zeigt sich schon darin, dass den Priester beim Aufbau des Leibes Christi und beim Weiden der Herde die Liebe leiten soll. Der Amtsträger ist Werkzeug des Geistes und der heiligen Kirche, weil der Geist in ihm präsent ist. – So vergegenwärtigt der Priester die Kirche: „Der Heilige Geist ist aber im Vorsteher der Kirche oder im Diener so anwesend, dass, wenn er kein

Heuchler ist, durch ihn der Geist sowohl seinen Lohn zum ewigen Heil als auch die Wiedergeburt oder Auferbauung derer wirkt, die durch ihn entweder geheiligt oder evangelisiert werden."[40]

• Im Werk der Sündenvergebung, die im Heiligen Geist geschieht, repräsentiert der Amtsträger die heilige Kirche, die Kirche der Heiligen, die im Richten der Vorsteher handelt. Träger der Schlüsselgewalt zur Sündenvergebung sind nicht die Bischöfe, sondern die Heiligen, aber die Amtsträger sind als solche „ministri ecclesiae".[41]

• In besonderer Weise aber zeigt sich die Beziehung des Amtsträgers und des Heiligen Geistes darin, dass der Amtsträger Glied am Leibe Christi ist. Das Christsein selbst ist das grundlegende Werk des Geistes. Insofern bedeutet die Bezeichnung „Mit euch bin ich Christ" eine pneumatologische Aussage. Durch die Gnade der Eingliederung in den Leib und ihr Mit-Sein mit den anderen stehen die Amtsträger im Sein und Handeln in Beziehung zum Heiligen Geist und zur heiligen Kirche. Sie repräsentieren sie, indem sie allen Gläubigen zeigen, was Kirche ist: Mit-Sein mit Christus.

Der Geist aber ist Gabe Christi und des Vaters. Insofern bleibt alles Wirken des Amtes auch christologisch gebunden. Amt steht im Dienst des Heils. Diese christologische Komponente wird in besonderer Weise in dem Ausdruck „Für euch bin ich Bischof" deutlich. Gerade die Leitung der Herde Christi an seiner statt ist nicht nur Ausdruck der Liebe zu ihm, sondern sie repräsentiert die Liebe Christi selbst. Christus ist Eigentümer der Herde und insofern ihr Herr. Aber in Christus weidet der dreifaltige Gott selbst.[42]

Wenn der Amtsträger weidet, muss er in das Vorbild Jesu eintreten und seine Lebensform übernehmen. Er muss ihn nachahmen bis zum Leiden.[43] Aber im Wirken für die Brüder tut er zugleich das, was der Herr tat.[44] Das Pro ist die bestimmende Form priesterlichen Lebens, als Pro im Sinn der Ähnlichkeit mit Christus: „Wenn er daher sagt: Ein guter Hirt gibt sein Leben für seine Schafe, so hat er das nicht allein getan; und doch, wenn jene, die es taten, seine Glieder sind, so hat auch nur er dies getan. Denn er konnte es ohne sie tun; wie aber konnten sie es ohne ihn tun, da er selbst sagte: Ohne mich könnt ihr nichts tun?"[45] Der Amtsträger als Knecht in Jesus[46] und Hirt in dem einen Hirten[47] steht in einer persönlichen Beziehung zu Christus, dessen Freund er ist. Augustin nennt ihn „amicus sponsi"[48]. Der Genitiv „sponsi", der bei den übrigen Christen, wenn sie Freunde des Herrn genannt werden, fehlt[49], zeigt, dass diese Freundschaft des Amtsträgers mit Christus auf die Kirche bezogen ist.

IV. Zusammenfassung und Schlussbemerkung

Ausgehend von einem Zitat, durch das Joseph Ratzinger nach dem Konzil in die Diskussion um das priesterliche Amt eine Überlegung aus der Theologie des heiligen Augustinus eingebracht hat, sind wir auf den inneren Zusammenhang von Trinität und Amt gestoßen. Wir haben dabei feststellen dürfen, dass priesterlicher Dienst, kirchliches Amt sowohl des Bischofs als auch des Priesters – der Diakon bleibt bei Augustinus relativ unbedacht – sich wesentlich in einer Beziehung zu verstehen hat – und das kann nur existenziell gelebt werden. Es ist eine Beziehung, die in der einen Richtung sich ganz tief mit Christus und dem Heiligen Geist und so mit dem dreifaltigen

Gott verbunden weiß, aber andererseits auch ganz im Leib der Kirche in Beziehung zu den Gliedern des Leibes Christi steht.

Priesterlicher Dienst ist wesentlich Beziehung, eingeordnet in die Communio, die ihren Ursprung in der Communio des dreifaltigen Gottes hat. Wir spüren an dieser Stelle, wie sehr das II. Vatikanische Konzil in seiner Kirchenkonstitution von den Vätern und hier ganz besonders auch von Augustinus geprägt ist!

Andererseits spüren wir, wo unsere Aufgabe für die Zukunft liegt und wo die Heiligung des Priesters sich vollziehen kann: In einer tiefen Beziehung und Freundschaft mit dem Herrn, der seine Braut, die Kirche, liebt, zu stehen und damit verwiesen zu sein in den Leib Christi und in eine Liebe, die allen Gliedern dieses Leibes, dieser Braut, gilt, so hässlich oder so schön sie sein mag. Amt und Trinität stehen in einem Zusammenhang, der den Träger des Amtes existenziell einfordert. Es geht um die Repräsentation Christi als des Hauptes der Kirche; es geht aber auch um die Repräsentation des Leibes im Gegenüber zu den Gliedern und einem Mit-Sein mit den Gliedern.

Man kann das besonders an der Dramatik des unwürdigen Priesters ablesen, mit der sich Augustinus immer wieder in seinen Predigten und Schriften beschäftigt hat. Es handelt sich um ein tiefes ekklesiologisches Problem, das bis in die Existenz des Unwürdigen hineinreicht:

Es geht darum, dass ein Mensch, der die Würdigkeit für sich nicht beurteilen kann, einer, der immer auch Sünder ist, die Lehre Christi verkündet und seine Sakramente spendet. Da er in Christus ist und zu seinem Leib gehört, wirkt Christus mit ihm auch in seiner Sündigkeit zum Heil. Weil er aber als Hirt in Christus ist, wiegt es umso schwerer, wenn er diesem seinem Sein nicht entspricht: Christus wirkt durch ihn, er selbst aber ist von ihm fern! Im Beispiel des unwürdigen Priesters wird sichtbar, wie groß die Gnade Gottes ist, die auch einen Sünder befähigt, am Heil mitzuwirken und Christus darzustellen. Es wird aber ebenso offenbar, wie das letzte Urteil über das In-Christus-Sein eines Hirten dem einzigen Hirten und Richter zusteht. Ebenso wird offenbar, wie tief der Priester verpflichtet ist, um seine Heiligung in der Beziehung zu Christus und seiner Kirche, also in der Liebe zu den Menschen, immer wieder neu zu ringen, um dem zu entsprechen, was sein Amt beinhaltet: Christus durch ihn wirken zu lassen und zugleich Mit-Knecht, Hirt und Schaf, Lehrer und Mit-Schüler zu sein.

Ich habe nur dieses Beispiel gewählt, weil es zum augustinischen Denken wesentlich dazu gehört, denken wir nur an die Auseinandersetzung mit den Donatisten. Grundsätzlich aber gilt: Ob würdig oder unwürdig, die Hingabe, das Pro Gottes für die Welt und seine Gemeinschaft mit den Erlösten, in die er uns durch den Heiligen Geist einbezieht, wird sichtbar und gegenwärtig durch den kirchlichen Amtsträger, der in der Beziehung zum dreifaltigen Gott steht – von seiner Aufgabe wie von seinem Sein her. Welche Dramatik!

Liebe Mitbrüder, „Christus, unser Hoherpriester, hat sich um unseret willen dem Vater dargebracht. Bist du bereit, dich Christus, dem Herrn, von Tag zu Tag enger zu verbinden und so zum Heil der Menschen für Gott zu leben?" So fragt in der deutschen Fassung der Weiheliturgie der Bischof den Priesterkandidaten, bevor er die heilige Weihe empfängt. In der niederländischen Ausgabe wird es nicht ganz anders lauten. Das haben wir einmal versprochen, und ich wollte Ihnen heute helfen, dass wir diesem Versprechen tiefer verbunden sind, treuer bleiben und so heilige Priester werden, um zur Heiligung der Welt beizutragen. Vielleicht konnte die Theologie des heiligen Augustinus Ihnen dazu eine Stütze sein.

1 Vgl. J. Röser, Der Priester von heute, in: Christ in der Gegenwart, 27.9.2009.

2 F. van der Meer, Augustinus, der Seelsorger, Köln ³1958.

3 F. Genn, Trinität und Amt nach Augustinus, Einsiedeln 1986.

4 J. Ratzinger, Der Priester als Mittler und Diener Christi im Licht der neutestamentlichen Botschaft, in: ders., Theologische Prinzipienlehre – Bausteine zur Fundamentaltheologie, München 1982, 281; erstmals veröffentlicht unter dem Titel „Der Priester als Mittler und Diener Christi", in: R. Mai (Hrsg.), 100 Jahre Priesterseminar in St. Jakob zu Regensburg 1872-1972, Regensburg 1972, 53-68, hier 53.

5 Vgl. z.B. LG 28: „Sic ministerium ecclesiasticum divinitus institutum diversis ordinibus exercetur ab illis qui iam ab antiquo Episcopi, Presbyteri, Diaconi vocantur." Vgl. auch PO an vielen Stellen.

6 Grundlegend für dieses Forschen sehe ich immer noch an: D. Zähringer, Das kirchliche Priestertum nach dem hl. Augustinus. Eine dogmengeschichtliche Studie (FChIDG 17.1.E Paderborn 1931). Weitere Literaturbelege und die Auseinandersetzung damit in: F. Genn, a.a.O., 23-42.

7 Serm. 340,1: CCL 104,919: „Vobis enim sum episcopus: vobiscum sum christianus." Dieses Wort wird in LG 32 zitiert, im Kapitel über die Laien. Zur Interpretation dieses Predigttextes Serm. 340 vgl. F. Genn, a.a.o. 153-162. Zu den textkritischen Fragen des Sermo vgl. ebd. 153, Anm. 485.

8 J. Ratzinger, Zur Frage nach dem Sinn des priesterlichen Dienstes, in: GuL 41 (1968) 347-376; Zitat 371.

9 Ebd. 370.

10 D. Puškarič, La chiesa e il mistero trinitario nella predicazione di S. Agostino, in: Aug. 19 (1979) 487-506, hat das Verhältnis der einzelnen göttlichen Personen zur Kirche dargestellt. Man kann diesen Gedanken weiterführen, indem man im Zusammenhang mit der Kirche auch das Amt betrachtet. Nach Ep. 48,2 steht das Amt zum Gebären der Mutter-Kirche (die wieder zum Vater-Gott in Bezug steht) in der Beziehung des ministrare: „ ... ecclesiae ... cui parturienti si nulli boni ministrare vellent, quo modo nasceremini, non inveniretis" (CSEL 34.2, 138,7-9). Was bedeutet das „ministrare"? Nur eine Außenfunktion, wenn es um Gott, Heil und Kirche geht?

11 Vgl. Conf. IV 16,26-29: CSEL 33, 85-86.

12 De trin. V 5,6: CCL 50, 211, 19-21: „Quamobrem quamvis diversum sit patrem esse et filium esse, non est tamen diversa substantia quia hoc non secundum substantiam dicuntur sed secundum relativum."

13 De trin. V 16,17.7. ebd. 225; De trin. VII 112,1. ebd. 247; De trin. XV 3,5: CCL 50a, 464; Ep. 170,6: CSEL 44,627.

14 De trin. V 16,17: CCL 50, 224-225.

15 Ebd. 225, 13-15.

16 De trin. VII 1,2: ebd., 247,99-101. 104: „Quomodo cum dicitur dominus, non essentia indicatur, sed relativum quod refertur ad servum ... homo enim ad se dicitur, dominus ad servum."

17 Vgl. Genn, a.a.O., 121-123.

18 Tr. in Joh.ev. 5,9: CCL 36, 45,7-8.9-10.

19 Tr. in Joh.ev. 42,1: ebd. 365,1-2: „Dominus noster etiam in forma servi non servus, sed in forma etiam servi Dominus ... „.

20 Tr. in Joh.ev. 10,7: ebd. 104,10-11: „Servus Dei, populus Dei, ecclesia Dei."

21 En. in ps. 103 III 9: CCL 40, 1507,54-55: „Bene Christo servis, si servis quibus Christus servivit."

22 Conf. X 4,6: CSEL 33, ,230,9-11. Vgl. Conf. IX 13,37: ebd. 225.

23 Serm. Guelf. 32,3: MA 1564,31.

24 Von den vielen Stellen seien genannt: De civ. Dei X 1: CSEL 40.1,444, 8-9; Ep. 120,4: ÖSEL 34.2, 708, 2.5; Serm. 306,3: PL 38, 1401; De trin. XIII 4,7: CCL 50a, 389,2.

25 Conf. 1 1.1: CSEL 33,1,8-9. Zu „frei Deo" vgl. R. Lorenz, Fruitio dei bei Augustin, in: ZKG 63 (1950-1951) 75-132; G. Pfligersdorffer, Zu den Grundlagen des augustinischen Begriffspaares „uti-frui", in: WSt 84 (1971) 195-224.

26 Vgl. v.a. De trin. IV 2,4: CCL 50, 163-164.

27 Zum Kreuz, das Augustin nicht so häufig direkt nennt, vgl. aber doch die Bemerkung in Ep. 120,4, wonach der Weg zu „beatitudo" und „quies" nur durch den „Christus crucifixus" möglich ist: CSEL 34.2, 708,4-8. Wie De trin. XIII 10,14: CCL 50a, 400,28-29, zeigt, gehört zum Werk der Auferstehung die Geistsendung.

28 De trin. XIII 11,15: ebd. 402,23-25.

29 De trin. XIII 11,15: ebd. 402,23-25.

30 De trin. IV 14,19: CCL 50, 187,18-20.

31 De trin. VI 5,7: ebd. 235,2-3. 16-18: „Sive enim sit unitas amborum ... commune aliquid est patris et filii.. auf ipsa communio consubstantialis et coaeterna."

32 De trin. VII 3,6: ebd. 254,85-86: „Spiritus quoque sanctus sive sit summa caritas utrumque coniungens nosque subiungens ..."

33 Serm. 71,18: RBen 75 (1965) 82, 376-380: „Quod ergo commune est patri et filio, per hoc nos voluerunt habere communionem et inter nos et secum."

34 De trin. VI 5,7: CCL 50, 235,12-13: „Nos autem ex ipso et per ipsum et in ipso beati quia ipsius munere inter nos unum."

35 Ench. 15,56: CCL 46, 80, 40-41:"Templum enim dei, hoc est totius summae trinitatis, sancta est ecclesia ..."

36 CCL 50a, 509-511.

37 Ebd. 510, 55-57: „.... per donum.quod est spiritus sanctuE in commune omnibus membris Christi multa dona quae sint quibusque propria dividuntur."

38 Ebd. 511, 74-77: „Haec est domus ... corpus Christi, quae domus appellatur ecclesia."

39 Nach dem Zitat Eph 4,9-11 gibt Augustin nochmals eine Rechtfertigung des Plurals „dona" und sagt De trin. XV 19,34: CCL 50a, 511,71: „Ecce quare dicta sunt dona."

40 C. ep. Parm. II 11,24- CSEL 51,174,8-12.

41 Zum Begriff vgl. Ep. 134,4: CSEL 44,88,4; Ep. 48,2: CSEL 34.2,138,8-9. Zu diesem Zusammenhang vgl. Genn, a.a.O., 289-293.

42 Serm. 47,20: CCL 41,593,653-655: „Deus pascit, Pater et filius et spiritus sanctus, ipse deus pascit. Sed distinguenda erat forma servi, non separanda et alienanda."

43 Serm. 137,4: PL 38,756.

44 Tr. in Joh. ep. ad Parth. 5,5: SC 75,258: I"Pasce oves meas'; id est: Fac pro fratribus quod pro te feci."

45 Tr. in Joh. ev. 47,2: CCL 36,404,14-18, bes. 15-16.17.

46 Serm. Guelf. 32,3: MA 1564,31.

47 Serm. 46,30: CCL 41,555,747-748.

48 Ebd. 556,759-760.

49 Der Begriff „amicus sponsi" bezeichnet häufig den Täufer, wie z. B. Tr. in Joh. ev. 5,17: CCL 36,51,19-20. Dann wird der Begriff auch auf die Apostel bezogen (z.B. En. in PS. 35,9: CCL 38,328-329), speziell auch auf Paulus (z.B. En. II in ps. 18,2: ebd., 106,5). Als allgemeine Aussage, die auf die Amtsträger und gegen die donatistische Auffassung vom Amt zu beziehen ist, lese ich En. in ps. 128,13: CCL 40, 1889,46-49.

Der Freund des Bräutigams

Vortrag im Rahmen der Katholischen Erwachsenenbildung im Bistum Osnabrück 21. April 2009

Sehr verehrte Damen und Herren, verehrter, lieber Bischof Franz-Josef, in Ihrem Programm für das Jahr 2008/2009 haben Sie als einen Ihrer Schwerpunkte den Wert des Priestertums gewählt. In diesem Zusammenhang haben Sie sich mit verschiedenen Aspekten beschäftigt, die aber, wenn ich es richtig sehe, sich immer um die eine Mitte konzentriert haben: um Spiritualität, um den Zusammenhang von Management und Mystik.

Diese Konzentration eröffnet nicht nur direkt den Blick auf die Mitte der Thematik, zu der ich heute Abend sprechen soll, sondern sie hilft mir, dieses sehr weite und etwas allgemein gehaltene Thema – Priester-Sein heute – aus derselben Perspektive und aus dem Blickwinkel, den ich persönlich mitbringe, anzuschauen. Beides klingt gut ineinander und zusammen.

I. Vorbemerkungen und Einleitung

Der Blickwinkel, mit dem ich auf diese Thematik schaue, ist selbstverständlich bedingt nicht nur durch meine menschliche Begrenztheit, sondern vielmehr durch die Auseinandersetzung, zu der mich meine eigene Biographie im Umgang mit der Thematik geführt hat.

Geboren 1950, bin ich aufgewachsen in einer Welt der katholischen Kirche, die ein bestimmtes Priesterbild ausgeprägt hat, das zudem von den Pfarrern meines Heimatortes eine eigene Färbung bekam, aber immer wieder auch ergänzt wurde durch Begegnungen mit Mönchen der Abtei Maria Laach, Priestern aus den Nachbarpfarreien und nicht zuletzt mit meinem verehrten Religionslehrer am Gymnasium.

Bei aller Unterschiedlichkeit der einzelnen Charaktere und damit der Ausgestaltung des priesterlichen Dienstes war es doch allen gemeinsam, das Heilige in unserer Welt gegenwärtig zu machen. Es war nicht so sehr die Frage, ob der Priester derjenige ist, der die Gemeinde zu leiten hat und das möglicherweise im Verbund mit vielen anderen tut. Es war auch nicht die Frage, ob die Verkündigung des Wortes oder die Feier der Sakramente den ersten Schwerpunkt darstellen. Es war schlichtweg eine Person, die in aller Gebrochenheit des eigenen Lebens dafür sorgte, dass die Menschen sich nicht einfach ein Dach über den Kopf ihres Lebens ziehen, sondern darin eine Öffnung haben, die sie mit der Welt Gottes, mit der Welt des Heiligen, in Verbindung bringt. Dem dienen alle Tätigkeiten, die der Priester vollzieht.

Auf diese Dimension bin ich später während meines Außenstudiums, das ich zusammen mit Ihrem verehrten Bischof Franz-Josef in Regensburg verbringen durfte, wieder gestoßen, als der damalige und dortige Professor für Pastoraltheologie, Josef Goldbrunner, uns in seiner Vorlesung und mit seinem Buch über die „Seelsorge als eine vergessene Aufgabe" ein Bild aus einem Etruskergrab vorstellte. Auf diesem Bild stehen zwei Priester vor der verschlossenen Tür des Todes. Ihre Gesten, die eine

Hand auf dem Kopf und die andere ausgestreckt nach vorne haltend, werden kunstgeschichtlich als Zeichen der Klage und als Prozessionsgestus, mit dem diese Klagegesänge bei der Bestattung eines Verstorbenen begleitet wurden, gedeutet.

Goldbrunner machte uns darauf aufmerksam, dass man dieses Bild noch tiefer sehen könnte und sagte:

„Die Priester stehen vor der verschlossenen Tür der Geheimnisse von Leben und Tod. Was bleibt denen vor der Tür? Abwehr in Ehrfurcht – so lange wie möglich? Der Versuch, den Sinn denkend zu enträtseln? Auf jeden Fall weist dieses Urbild des Priesters über das bloße Kultpriestertum hinaus. Priester werden als Helfer in den Sinnfragen des Lebens verstanden."

In diesem Sinne hat Goldbrunner den Priester als „Fachmann der Innenwelt" bezeichnet. Wir werden darauf nachher zurückkommen. Vorerst darf ich noch einige andere Aspekte beitragen, die meinen Blickwinkel zu der Thematik des heutigen Abends bestimmen.

Das eben genannte Stichwort „Hilfe in den Sinnfragen des Lebens" wurde für mich bedeutsam im Zusammenhang meiner Entscheidung, nach dem Abitur den Weg zum Priestertum zu gehen. Es war nicht so sehr der durch die Kindheit geprägte Raum einer für mich noch nicht sprachlich fassbaren mystischen Welt, sondern die Begegnung mit vielen Mitschülern im Gymnasium, vor allem in der Zeit der 68er-Revolution. Es machte mir zunehmend Freude zu entdecken, dass Menschen bei ihrer Suche nach dem Sinn des Lebens – und dazu zählte ich mich selbst – etwas verpassen, wenn sie sich nicht für die

Wirklichkeit öffnen, die der christliche Glaube zur Verfügung stellt und die sich immer mehr nicht als eine schöne, romantische Ideenwelt entpuppt, sondern die hineinführt in den Weg der Wahrheit. Die Sehnsucht, in diesem Sinne für die Menschen Priester zu sein, bestimmt bis heute meinen Lebensweg sehr, wurde damals aber auch kräftig geschüttelt durch die Auseinandersetzungen im Studium, vor allem durch Fragen der neutestamentlichen Exegese und der Pastoraltheologie sowie durch das Klima der damaligen Zeit, die manche von Ihnen sicherlich ebenso hautnah erlebt haben und noch als tiefe Erinnerung in Ihrem Herzen tragen.

Was ist der Priester? „Wozu Priester?" Unter diesem Titel schrieb Hans Küng ein Buch und bezeichnete seine Darlegungen als „Hilfe". Für mich waren sie es nicht, wohl in dem Sinn, dass sie mich zu einer ganz tiefen Auseinandersetzung herausforderten, der ich mich dann auch in meinem externen Studium stellte. Es ging um die Frage nach der neutestamentlichen Verankerung des Priestertums, die Frage nach den Prioritäten: Gemeindeleiter oder Wortverkünder oder Spender der Sakramente? Dabei war sehr deutlich, dass gerade letztere Funktion kleiner geschrieben wurde als die beiden anderen. Es ging um die Frage, warum nur der Priester die Sakramente spenden soll, die Laien dies aber nicht tun dürfen, und was dann wieder das Besondere des priesterlichen Dienstes ausmacht. Hat er eine bestimmte Funktion, oder ist dieser Dienst eine das ganze Sein prägende Wirklichkeit? Nur von dieser Frage schien es mir angebracht, sich mit der zölibatären Lebensform auseinander zu setzen und eine Entscheidung zu finden, die nicht auf dem vagen Gedanken aufruhte, dass in wenigen Jahren diese Zulassungsbedingung fallen würde und man bis dahin noch die Zeit überstehen könnte. Wenn der Zölibat versprochen werden sollte, dann sollte es für die Dauer des ganzen Lebens sein. Es war deshalb nicht ohne Folgen, dass ich mich mit dem Priesterbild auseinander setzte, als es um die Frage der Erstellung meiner Diplomarbeit ging. Hier griff ich auf die Quellen des 20. Jahrhunderts zurück und stieß auf eine Mahnrede, die Pius X. aus Anlass seines Goldenen Priesterjubiläums an die Priester der ganzen Welt 1908 gerichtet hat.

An diesem Text, der sicherlich das Kolorit der damaligen Zeit trägt, war es mir möglich, meine eigene Auseinandersetzung mit dem priesterlichen Dienst zu entfalten. Dabei entdeckte ich nach einem Wort des 1. Briefes an Timotheus den Priester als Mann Gottes, freilich unter der ganz spezifischen Konnotation als Diener Jesu Christi (vgl. 1 Tim 6, 11).

Die Jahre als Diakon und Kaplan, vor allem die guten Erfahrungen mit Jugendlichen – ein Aufgabenfeld, das normalerweise den jüngeren Priestern zugeordnet ist – verstärkten in mir das, was ich bereits als Schüler auf dem Weg zur Entscheidung, ins Priesterseminar einzutreten, entdeckt hatte: der Priester als Helfer in Sinnfragen angesichts der großen und weiten Fülle der christlichen Wahrheit. Der Ruf, im Priesterseminar Trier als Subregens Mitverantwortung zu tragen für die Ausbildung der zukünftigen Priester, hat dann für 21 Jahre meinem Leben eine ganz eigene Spur gegeben.

Sowohl die theologischen als auch die existenziellen Auseinandersetzungen der einzelnen Kandidaten haben mich in meiner Tätigkeit als Subregens, als Spiritual, als Regens und als Dozent für Christliche Spiritualität immer wieder begleitet. Von daher empfand ich es als sehr hilfreich, mich bei meinen Studien über Augustinus noch einmal tiefer der Frage des kirchlichen Amtes stellen zu können. Ausgehend von einer These, die Professor Joseph Ratzinger bei der Regentenkonferenz 1967 in Brixen formuliert hatte, verfolgte ich bei Augustinus die Linie eines inneren theologischen Zusammenhangs von trinitarischem Denken auch im Blick auf sein Bild von der Kirche und dem kirchlichen Amt. Diese Überlegungen bleiben nach wie vor grundlegend, und ich konnte nicht ahnen, dass ich in meinem bischöflichen Dienst vieles von dem, was Augustinus im 4. und 5. Jahrhundert erlebt hatte, selbst würde durchmachen müssen. Aber es gibt mir zugleich die Gelegenheit, auf dieser grundlegenden, urkirchlichen Spur bleiben zu können, die klassischer nicht zusammengefasst werden kann als in die berühmten Worte: „Mit euch bin ich Christ, für euch bin ich Bischof" (Serm 340,1). Ratzinger hatte in seinem Vortrag betont, er könne sich vorstellen, dass zwischen dieser Aussage, die eindeutig eine Aussage von Beziehungen ist, und dem Denken Augustinus' über die Trinität ein Zusammenhang besteht, der eine grundlegende Denkstruktur bei Augustinus zeige; denn um die Dreieinigkeit Gottes zu erklären, setzt sich Augustinus in seinem großen Werk in mehreren Büchern mit dem Begriff der Beziehung, der Relation, auseinander. Ich konnte in meiner Arbeit feststellen, dass diese Vermutung Ratzingers zutrifft, dass es also zum Denken dieses großen Kirchenvaters gehört, Beziehung nicht nur als eine Wirklichkeit innerhalb Gottes, nicht nur als eine bestimmte Kategorie des Denkens anzusehen, sondern auch als eine Wirklichkeit, die Kirche und in ihr das kirchliche Amt maßgeblich bestimmt.

Schließlich möchte ich noch als eine besondere Quelle für die Thematik des heutigen Abends benennen: Die pastorale und existenzielle Lebenserfahrung vieler Priester, die mir vor allem durch meinen Dienst als Spiritual und in meinen Visitationen als Weihbischof im Saarland wie als Bischof von Essen sehr auf den Leib gerückt sind. Es ist nicht so sehr die Erfahrung, dass Ideal und Wirklichkeit auseinander gehen, sondern es ist die grundlegende Wahrnehmung: das, was die Kirche über das priesterliche Dienstamt lehrt, unter jeweilig anderen Zeitumständen, pastoralen Herausforderungen und existenziellen Bedingungsfeldern in die Form des eigenen Lebens zu gießen und damit zu einer priesterlichen Gestalt zu werden, die allem, was die Lehre sagt, das eigene Gesicht aufprägt, das Wort also im eigenen Leben Fleisch werden lässt. Hierbei zeigt sich in der Tiefe, dass Christus wirklich die Wahrheit ist, eine Wahrheit, die nicht Kopien hervorbringt, sondern die in sich so groß und weit ist, dass sie ihre reiche und bunte Größe in die jeweilige Lebensgestalt Einzelner einzuprägen vermag.

Diese einleitenden Vorbemerkungen zu meinem Vortrag heute Abend haben schon in die Mitte geführt und das Thema, dem wir uns stellen wollen, „Priester-Sein heute", in einzelnen markanten Aspekten aufleuchten lassen.

Negativ wäre zu sagen, dass es hier nicht darum gehen kann, die neutestamentliche Begründung des priesterlichen Dienstes und ihre weitere Entfaltung im Laufe der Dogmengeschichte und des kirchlichen Dogmas darzulegen. Eine weitere Beschränkung des Themas liegt auch darin, dass in der Grundgestalt, die niemand anderes als der Herr selber ist, so viele Entfaltungsmöglichkeiten liegen, dass jeder Einzelne im Ringen mit seinen persönlichen Gegebenheiten und Grenzen, im Ringen mit den pastoralen Gegebenheiten, Notwendigkeiten und Grenzen und im immer wieder neuen Blick auf das, was der Glaube überliefert, so seine Gestalt ausformt, dass er heute Priester ist. Was also Priester sein bedeutet, wird existenziell ablesbar bleiben an denen, die diesen Dienst heute tun. Es wird aber zugleich für diese selbst eine starke Herausforderung sein, in das einzutreten, was sie in der Weihe empfangen haben. Dazu dienen geistliche Begleitung, Gebet, Betrachtung und Exerzitien. Darüber ließe sich sprechen, wenn ich jetzt vor einem Kreis stünde, der ausschließlich mit Priestern besetzt ist.

Sie hier im Saal schauen auf dieses Thema aus der Perspektive der Herausforderungen in der Pastoral angesichts zurückgehender Priesterzahlen, angesichts der Fusionen von Gemeinden, angesichts der zum Teil belastenden Erfahrungen, dass unser gesellschaftliches Leben immer weniger von einer christlichen Kultur geprägt ist. Sie stellen sich sicher die Frage, wie jemand heute noch Priester sein kann, wenn er eine weitere Gemeinde dazu erhält und wenn er schon in einer Gemeinde in einer sehr ausdifferenzierten Art und Weise seelsorgliche Arbeit tun muss. Sie stellen sich sicherlich gerade auch deshalb die Frage, weil Sie mit Schmerz sehen, um den Titel von Josef Goldbrunner von vor fast 40 Jahren aufzugreifen, dass Seelsorge als der unmittelbare Dienst des Priesters zu einer vergessenen Aufgabe werden könnte.

Gerade deshalb ist es mir wichtig, angesichts der Herausforderungen der Gegenwart die Elemente, die ich eben aus meiner Biographie vorgestellt habe, einzubinden in eine Perspektive, wie man auch heute Priester sein kann. Es geht also weder um Dogmatik noch um Exegese, aber es geht nicht ohne dogmatisches und exegetisches Fundament. Es geht vor allem um die existenzielle Gestalt in einer sich massiv wandelnden und verändernden Welt, eine Wandlung, die auch die Kirche unmittelbar betrifft. Deshalb kann man es als ein dankbares Geschenk ansehen, dass sich Bischöfe wie Ihr Bischof darum bemühen, im Gespräch mit den Priestern zu bleiben, um herauszufinden, was ihnen Freude macht, welche Sorgen sie im Blick auf die Zukunft bedrängen und welche Hilfen sie selber sich vorstellen, um den Weg in die Zukunft zu gehen. Dabei stoßen wir immer darauf, dass die Frage nach einer fundierten Spiritualität für diese existenzielle Lebensgestalt von besonderer Bedeutung ist.

Ich möchte drei Aspekte benennen, die mir in diesem Zusammenspiel von Herausforderungen der Gegenwart und existenzieller Verwirklichung vor dem Hintergrund dessen, was die Kirche glaubt, bedeutsam erscheinen.

II. Der Priester eingefügt in die Communio der Kirche

Ich beginne bewusst mit diesem Gesichtspunkt: Der Priester steht nicht für sich allein, sondern gehört zur Gemeinschaft der Kirche. Diese Binsenwahrheit, die freilich existenziell oft gar nicht abgedeckt ist, weil sich viele Priester in der Tat allein fühlen, scheint mir heute von grundlegender Bedeutung zu sein. Warum? Weil die Christen selbst sich angesichts einer ausdifferenzierten gesellschaftlichen Wirklichkeit um ihres Selbstwertgefühls und ihrer Sendung willen der kirchlichen Gemeinschaft vergewissern müssen.

In einer Zeit, in der es selbstverständlich war, dass der Bürger Christ ist, in einer Gestalt von Kirche, die sich mit der bürgerlichen Gesellschaft geradezu deckte, und in der das kirchliche Leben mit seinen Festen, Bräuchen, dem Ablauf des Kirchenjahres und vielem mehr das zivile Leben maßgeblich bestimmte, war der Priester zwar auch durch die Gemeinschaft der Kirche getragen, brauchte sich aber dieser Gemeinschaft nicht in einem so existenziellen Maße bewusst zu werden, wie das heute notwendig ist.

Wer heute bewusst Christ ist, weiß, dass es viele andere Lebensmodelle und -entwürfe gibt, dass es Menschen auch in den eigenen Gemeinden, bis hinein in die eigene Familie gibt, die dies nicht mit ihm teilen. Wir kommen heute nicht daran vorbei, uns bewusst zu werden, dass wir nicht mehr selbstverständlich Christ sein können, dass es vielmehr der eigenen Entscheidung bedarf, die Option, die der christliche Glaube darstellt, als den grundlegenden Lebensentwurf für sich zu bejahen und anzunehmen, auch um den Preis, dass bis hinein in den Kreis der engsten Familienangehörigen diese Option nicht von allen geteilt wird.

Als Beispiel mag hier dienen, dass Sie selber in Ihrer Familie die Erfahrungen machen, dass Ihre eigenen Kinder oder Enkel, obwohl Sie ihnen alles vermittelt haben, was für ihren Glauben und ihre Mitgliedschaft in der Kirche notwendig ist, sich distanziert zur Kirche verhalten oder das Glaubensbekenntnis für sich nicht übernehmen, ja, vielleicht sogar ablehnen. Wenn christlicher Glaube davon ausgeht, dass Gott sich in einer Person und Gestalt, in Jesus von Nazaret, selbst gezeigt hat, dann liegt darin die Herausforderung, auf diese Offenbarung eine Antwort zu geben, die nur in Freiheit getroffen werden kann, wie es jeder persönlichen Beziehung und Begegnung eignet.

Deshalb berührt es mich übrigens zu sehen, dass schon die großen Missionare wie Bonifatius und Ludgerus auf die persönliche Entscheidung Wert gelegt haben. Sie haben nicht wie der Frankenkönig Karl die Menschen zwanghaft zum Glauben missionieren wollen. Nur so konnte das Christliche seine innere Wahrheit behalten; denn Glaube fordert die freie Antwort. Heute kann der Einzelne nicht mehr deshalb Christ sein, weil er mit anderen mitläuft, sich aber vielleicht innerlich trotzdem vom kirchlichen Geschehen distanziert. Er ist in die ganz persönliche, eigene Antwort gerufen. Damit ist er aber auch notwendig darauf angewiesen, die soziale Dimension der Kirche mit zu vollziehen. Diese besteht zunächst nicht im Dienst an den Schwachen, Armen und Kranken, sondern sie gehört wesentlich dazu: Glaube ist immer Glaube in Gemeinschaft. Jesus hat die Einzelnen, die ihm glaubten, zur Gemeinschaft der Glaubenden, zum Volk Gottes, gesammelt, das einmal sein eigener Leib wird, ja, – personal gesprochen – die Braut sein kann, die er sich selbst angetraut hat.

Innerhalb dieser Gemeinschaft der Glaubenden stehen die verschiedenen Aufträge und Sendungen, die verschiedenen Begabungen und Charismen, die auf das Ganze zugeordnet sind und in sich existenziell verwirklichen, dass christlicher Glaube immer Glaube in Gemeinschaft, mit den anderen und für sie sein muss. Deshalb hat das Konzil seine Darlegungen über die Kirche mit der Betrachtung über das Geheimnis der Communio begonnen. Diese Communio ist gegründet in der Gemeinschaft des dreieinigen Gottes. Von dort her hat das Konzil die Kirche als Volk Gottes dargestellt und als eine Gemeinschaft, die in einer heiligen Ordnung (hierarchisch) gegliedert ist. Das kirchliche Amt ist hineingestellt in diese Gemeinschaft des Heiligen Geistes und hat in dieser Gemeinschaft seine spezielle Sendung wahrzunehmen.

Priester-Sein heute bedeutet deshalb: Leben in dieser Gemeinschaft und mit dieser Gemeinschaft. Freilich nicht in einer Nivellierung der eigenen Sendung und des eigenen Auftrags, sondern im Austausch des Glaubens, in der Mitteilung der Gaben und der gegenseitigen Hilfe und Stärkung, diesen Glauben zu einem lebendigen Zeugnis für die vielen werden zu lassen.

Selbstverständlich lässt sich von hier aus sofort ableiten: Dieses Stehen in der Gemeinschaft der Kirche hat praktische Folgen. Weiß sich zum Beispiel ein Priester getragen von den Gläubigen, gerade auch in seiner zölibatären Lebensform? Weiß er sich getragen darin, dass die Gläubigen von ihm nicht alles mögliche erwarten, sondern vor allen Dingen das Zeugnis des Glaubens und die Stärkung in diesem Zeugnis? Ist der Priester derjenige, der alles machen soll, auf den sich eine Menge von Erwartungen häufen, oder wissen sich die Gläubigen auch eingefügt in ein gemeinsames Engagement, Mitarbeiter und Mitarbeiterinnen für den Herrn zu sein?

Gerade wegen der Fusionen, der Zusammenfügung von Pfarrgemeinden, über deren Notwendigkeit man einen eigenen Abend gestalten könnte, will ich hier hervorheben: Die pastorale Herausforderung der Zukunft wird genau dieses existenzielle Leben der Communio der Kirche sein. Dies gilt in besonderer Weise im Blick auf die

Zusammenarbeit unter denen, die als Priester, Diakone und hauptberuflich tätige Laien ihre je eigene Sendung im Dienst am Volk Gottes wahrnehmen müssen. Hier zeigt sich, dass der Priester weder der pater familias noch der Einzelkämpfer sein kann, sondern seinen Dienst in der Kooperation mit vielen Einzelnen und vielen anderen tun muss. Die Zeit des so genannten Einzelkämpfers als Bild für den Priester ist vorbei. Es ist auch vorbei, dass der Priester allein für die Herde Christi, die weder seine Herde noch seine Gemeinde, sondern die Herde Jesu Christi und die Kirche Gottes ist, Rechenschaft ablegen muss, sondern dass jeder Einzelne Rechenschaft ablegen muss dafür, wie er sein Christsein gelebt und damit auch für den Priester Zeugnis gegeben hat.

III. Der Priester als Hirte, als Pastor

Für das Bild des Priesters hat sich in den letzten Jahren in besonderer Weise das Bild des Hirten herauskristallisiert. Dieses Bild ist nicht unumstritten, weil es vom Ursprung her aus einer bäuerlichen Kultur stammt, die es so weitgehend nicht mehr gibt, sondern die eher romantische Phantasien in den Herzen und Köpfen von Menschen hervorruft. Dennoch bleibt dieses Bild grundlegend, weil der Herr es als Bezeichnung für seine eigene Sendung und seinen eigenen Auftrag gewählt hat. Es ist die substantivische Form des Verbums „pasci", das man am besten mit „weiden" übersetzt. Priester, Pastor, Hirte zu sein, das bedeutet, Menschen auf eine Weide zu führen. Diese Weide besteht in der Gabe des Wortes Gottes. So ist der Priester als Hirte zunächst einmal Lehrer, weil er das Wort Gottes als die kostbare Weide des Lebens lehrt. Von dorther bezieht er seine Autorität, seine auctoritas, sein Ansehen. Auctoritas kommt von dem Verbum „augere", übersetzt „mehren". Der Priester mehrt in seinem Dienst das Leben der Gläubigen, und so nährt er es.

Der heilige Augustinus hat diesem Bild des Hirten eine sehr ausführliche Schilderung gewidmet und dabei immer wieder herausgestellt, dass der Amtsträger in der Kirche zwar einerseits Hirte der Herde Jesu Christi ist, aber andererseits sich immer bewusst bleiben muss, dass er auch zu den Schafen gehört. Übrigens hat Augustinus alle Bilder, die er für das priesterliche Dienstamt wählt, immer in den Zusammenhang der Kirche hineingestellt. Das Bild des Hirten ist hier am einprägsamsten. Ich will aber gern daran erinnern, dass Augustinus auch vom Priester bzw. Bischof als dem Lehrer spricht, der zugleich Mitschüler mit den anderen in der Schule Jesu Christi ist. So ist der Hirte auch gleichzeitig Schaf, Glied der Herde Jesu Christi. Aber in seiner Eigenschaft als Schaf ist er darauf angewiesen, dass er vom Hirten Jesus Christus genährt und gehütet wird. Er ist also selbst auf die Gabe angewiesen, sich vom Wort Gottes nähren zu lassen. Voll Dankbarkeit, dieses Wort überhaupt empfangen zu dürfen, von Christus erlöst zu sein, versieht er seinen Dienst. Ja, sein Dank dem Herrn gegenüber für die große Gabe besteht genau darin, seiner Aufgabe, die Herde Christi mit der Nahrung zu leiten, die der Herr selbst ist. Sein Dienst ist also Ausdruck der Dankbarkeit.

Von dort her ergibt sich, dass der Priester seinen Hirtendienst am intensivsten vollzieht, wenn er die Gläubigen mit der Nahrung speist, die Christus ist. Es ist die Nahrung des Wortes Gottes. Es ist die Nahrung der Wahrheit, die das Wort Gottes verbürgt und die in Jesus Christus leibhafte Gestalt geworden ist. Von daher hat das Konzil zweifellos etwas Wichtiges getan, wenn es unter den Aufgaben des priesterlichen Dienstes die Verkündigung des Wortes als erste benennt.

Für unsere pastorale Gegenwart scheint es mir von dringender Notwendigkeit zu sein, dass wir im Austausch des Glaubens, im Teilen des Wortes (die Franzosen sprechen von „partager le pain") Glaubensgruppen und kleine Zellen bilden, in denen das Wort Gottes miteinander geteilt wird. Hier hat der Priester eine wesentliche Aufgabe durch die Verkündigung dieses Wortes. Er trägt dazu bei, dass die Gläubigen immer wieder neue Dimensionen dieses Wortes entdecken. Durch die eigene Betrachtung und das Studium, durch den vertrauten Umgang mit dem Wort hilft er, dass das Herz des Glaubenden davon geformt, ja, immer mehr nach dem Herzen des Wortes, nach dem Herzen Jesu gebildet wird.

In diesem Sinne darf ich auch den Priester als „Fachmann der Innenwelt" verstehen. Damit ist nicht eine Innerlichkeit gemeint, mit der ich mich aus der Außenwelt zurückziehe, sondern es gehört dazu die tiefe Sensibilität für das, was sich im Herzen des Menschen zuträgt. Dort ist die gesamte Außenwelt vorhanden. Jeder, der in sein Herz hineinschaut, weiß, was sich im Herzen und der Seele alles tummelt. Aber indem er bereit ist, diese Innenwelt, die mit der Außenwelt sehr verbunden ist, anzuschauen, sie zu sortieren, die einzelnen Regungen in der Seele zur Unterscheidung zu bringen und in das Gespräch mit dem Wort Gottes einzubringen, entdeckt er, dass er an der Grenze von Leben und Tod steht. Manches nämlich kann nur zum Tode führen, was sich in meiner Seele abspielt, manches aber kann gerade durch die Nahrung des Wortes Gottes neu aufgebaut und entwickelt werden, damit es größere Frucht bringt. Diese Reinigung des Herzens durch das Wort Gottes (vgl. Joh 15, 3) wird gerade dem Priester als dem Nährer anvertraut. Hier ist es möglich, den Menschen den Sinn zu erschließen, der nicht einfach gemacht werden kann, sondern der sich zeigt, der da ist.

Oft sprechen wir ja heute davon, dass etwas Sinn mache. Sinn wird aber nicht gemacht, sondern Sinn ergibt sich, zeigt sich, bietet sich dar. Nicht umsonst bedeutet das griechische Wort für Wahrheit „alätheia" – „das nicht mehr Verborgene, das Enthüllte, das, was den Grund der Wirklichkeit ausmacht". Den Menschen also durch Jesus Christus und seine Wahrheit Sinn für ihr Leben in allen Phasen zu erschließen, ist damit die tiefste und schönste Aufgabe, mit der der Priester den Menschen begegnen kann. In diesem Sinne ist er durch das Wort Gottes wahrhaftig der Seel-Sorger.

Eine besondere Dimension stellt dabei die sakramentale Wirklichkeit dar. Hier geht es nicht um ein oberflächliches Kultpriestertum, um rituelles Management, sondern es geht darum, das, was der Glaube bekennt, in der Feiergestalt des Sakramentes nicht als Zubrot des Lebens, sondern als Grundnahrungsmittel anzubieten. Deshalb hat die Verkündigung des Wortes Gottes, der Hirtendienst, seinen Höhepunkt in der Feier der Eucharistie, die zugleich am Tiefsten die Communio-Gestalt der Kirche darstellt und von daher die Gläubigen nicht nur sammelt, sondern auch eint. In diesem Sinne ist der Priester Leiter der Gemeinde und Diener an ihrer Einheit, nicht in einer bloß äußeren organisatorischen, juristischen und verwaltungstechnischen Funktion.

Auf eine Kurzformel gebracht, könnte man sagen: Priester zu sein heißt, Eucharistie zu feiern. Aber man kann auch das Christsein auf diese Formel bringen: Christ zu sein heißt, Eucharistie zu feiern. In der Verschiedenheit der Aufgaben und Sendungen sagt man so dasselbe aus und akzentuiert es doch in der jeweiligen eigenen Sendung und Rolle.

In der pastoralen Situation von heute sehe ich dabei eine besondere Herausforderung: das große „Angebot" von Eucharistiefeiern am Sonntag. Wir brauchen uns hier nicht damit aufzuhalten, woher und aus welchen unterschiedlichen Gründen diese Vielzahl der Messangebote entstanden ist. Aber zunächst einmal muss man sich bewusst sein: Kirche versammelt sich am Ort einmal am Sonntag zur Feier des Todes und der Auferstehung Jesu Christi. In dieser Versammlung werden die Einzelnen zusammengeführt, nicht zerstreut. Sie vollziehen nicht eine Pflicht, die ihnen ein Kirchengebot auferlegt. Vielmehr vollziehen sie ihr eigenes Wesen als Gemeinschaft der von Christus Erlösten und der vom Vater in der Einheit des Heiligen Geistes gesammelten Gemeinschaft des Gottesvolkes. Diese Gemeinschaft verkündet den Tod des Herrn, preist seine Auferstehung und lebt so die Kraft, die dynamis, des Heiligen Geistes. In dieser Kraft preist sie die unermessliche Liebe des Vaters, ja, sie ist damit beschenkt, diese Liebe zusammen mit Christus zu feiern. Rituell kommt das für mich am schönsten zum Ausdruck, wenn der Priester am Ende des Eucharistischen Hochgebets die Doxologie singt: „Durch ihn und mit ihm und in ihm ist dir, Gott, allmächtiger Vater, in der Einheit des Heiligen Geistes alle Herrlichkeit und Ehre, jetzt und in Ewigkeit." Diesem Lobpreis gibt die versammelte Gemeinde mit dem „Amen" ihre Unterschrift.

IV. Der Priester als Freund des Bräutigams

Ich vermute sicherlich mit Recht, dass Sie eine solche Überschrift aufmerken lässt, vielleicht auch ein wenig provoziert. Auf dieses Bild bin ich in den letzten Jahren gestoßen, und ich gestehe, dass es mich seitdem nicht mehr loslässt.

Zunächst möchte ich noch einmal, um es zu erklären, Ihre Gedanken auf die Auseinandersetzung hin lenken, von der ich im Zusammenhang meiner persönlichen Studienzeit berichtete: Versieht der Priester nur Funktionen, oder prägt die Wirklichkeit, die er durch das Sakrament empfangen hat, sein ganzes Sein? Vielleicht kommt manchen von Ihnen dies auch als eine etwas altertümliche Fragestellung vor, aber ich bin überzeugt davon, dass rein psychologisch gesehen jeder Mensch eine innere Identität braucht, die ihn im Kern seines Wesens prägt und die ihn sagen lassen kann: Das bin ich. Der bin ich. Sind die Verkündigung des Wortes Gottes, die Feier der Sakramente, der Leitungsdienst nur Funktionen, die jemand wahrnimmt, aus denen er sich aber zurückzieht, wenn er sie nicht mehr ausübt? Oder ist dieses alles zusammengehalten von einem inneren Fundament: Weil **ich** Priester **bin**, deshalb tue ich gerade dies?

In meiner Zeit als Spiritual bin ich darauf gestoßen, wie wichtig es ist, dass der Priester von einer inneren Identität, von einem Kernpunkt her, auf seinen Dienst schaut. Man kann das immer sehr schön veranschaulichen, wenn Priester sich für ihre Weihe ein Wort aus der Heiligen Schrift oder der großen kirchlichen Tradition wählen, mit dem sie ihren Dienst und ihre Aufgabe verdichten, zusammenfassen wollen. Das ist vielleicht der innere Kern der Vision, die der Einzelne im Blick auf seinen Lebensweg gesehen hat, die ihn aber auch in der Identität prägt, von der aus er die einzelnen Aufgaben und Dienste angeht.

In diesem Nachdenken bin ich auf ein Bild gestoßen, das ich im 3. Kapitel des Johannesevangeliums als Beschreibung der Gestalt des Täufers Johannes gefunden habe. Es ist ein ungewohntes und überraschendes Bild. Aber gerade deshalb habe ich es ausgewählt, weil es uns helfen kann, ausgetretene Pfade neu zu begehen und aus einer anderen, eben bildlichen Perspektive, die innere Wirklichkeit dieses Dienstes existenziell in den Blick zu nehmen.

Der heilige Augustinus hat dieses Bild vom „amicus sponsi" ebenfalls in seiner Darlegung über den Priester als Hirten benutzt (vgl. Serm 46,30). Schauen wir zunächst auf den Ursprung dieses Wortes im 3. Kapitel des Johannesevangeliums (Joh 3,29):

„Wer die Braut hat, ist der Bräutigam; der Freund des Bräutigams aber, der dabei steht und ihn hört, freut sich über die Stimme des Bräutigams. Diese Freude ist nun für mich Wirklichkeit geworden."

Im Kommen Christi macht der Täufer diese Erfahrung und fasst sie in diese Worte. Im Unterschied zum Täufer braucht diese Wirklichkeit für den Priester nicht erst zu geschehen, sondern sie ist da. Deshalb ist das Bild so entlastend. Der Bräutigam, der die Braut hat, ist Christus. Die Braut ist die Kirche. Er hat sie sich durch sein Kreuzesopfer erworben. Die Menschheit will er sich wie eine Braut antrauen. In denen, die ihm jetzt schon wirklich anhangen, ist die Braut da. Ihm, dem Bräutigam, gefällt sie. Übrigens: Auch dieses Wort ist provokant; denn oft genug verstehen wir die Kirche nicht als Braut und können sie auch als solche nicht sehen. Aber ich darf daran erinnern, dass die Braut nicht meine Braut, sondern die Braut Christi ist; und wenn jemand ihr den Scheidebrief ausstellen könnte, dann der Herr. Vielleicht können wir mit diesem Hinweis besser die Kirche als Braut Christi sehen.

Mit Christus in einer persönlichen Beziehung stehend, darf der Priester der Freund des Bräutigams sein. In dieser persönlichen Beziehung für die Beziehung unter den Menschen zu wirken, damit die ganze Menschheit ihr Ziel erreicht, nämlich in der Liebe glücklich zu sein, das hat etwas Entlastendes und Festliches. Der Herr hat das Werk getan. Im Sakrament und in der Verkündigung der Frohen Botschaft darf der Priester dieses Werk weiter tragen. Er ist der Freund des Bräutigams, der daneben steht und sich freut, weil der Bräutigam die Braut hat.

Hier zeigt sich, dass es um mehr als um Funktionen, dass es um eine freundschaftliche Beziehung, um ein prägendes Sein geht. Hier zeigt sich auch, dass die Vielzahl der Aufgaben immer wieder zurückgebunden werden kann in die Mitte eines persönlichen Zusammenseins mit ihm, der Herr, aber auch Bruder und Freund ist. Die Menschen aus dieser Mitte zu begleiten und zu nähren und es gleichzeitig zu empfangen, dass andere, die vielleicht nicht Priester sind, noch tiefer in dieser Mitte und in dieser Wirklichkeit verankert sind, das lässt den Priester in einer ganz persönlichen Berufung stehen und von dort her Fachmann der Innenwelt, Nährer und Bruder und Glied am Leib Christi sein. Vielleicht müssen wir in den nächsten Jahren noch viel mehr diese Entlastung lernen, aber in ihr auch die innere Stärkung empfangen und sie uns gegenseitig schenken und gönnen.

Immer wieder wird das Wort Karl Rahners zitiert vom Christen, der etwas erfahren hat. Sicherlich haben Sie im Rahmen Ihrer Vorträge auch dieses Zitat gehört. Ich stimme dem voll und ganz zu. Es gilt in besonderer Weise für den, der den priesterlichen Dienst ausfüllt. Aber hier rundet sich alles, was ich heute Abend versucht habe, über Priester-Sein heute zu sagen: Weil wir als Christen für die Zukunft Sorge tragen, dass Menschen Ihn erkennen, sind wir in der gemeinsamen Pflicht, einander Hirte zu sein, und werden ohne Konkurrenzdenken zu schätzen wissen, dass es auch die Sendung derer gibt, die er in seine besondere Nähe gerufen hat, damit sie mit ihm sind, um das Evangelium zu bringen und die heilende Kraft dieses Evangeliums auszuteilen (vgl. Mk 3,13-19).

Wie eine Grundmelodie komme ich immer auf den Abschnitt zurück, der für mein priesterliches Leben die grundlegende Vision, der Ausdruck meiner Identität und der bleibende Ansporn für meine Sendung geworden ist, die ersten Zeilen des 1. Johannesbriefes, die ich auf mein Primizandenken gesetzt und aus denen ich auch meinen Wappenspruch als Bischof gewählt habe. Es ist das Wort eines Zeugen der Frohen Botschaft an seine Gemeinde, mit dem er seine grundlegende Identität, aber auch seine Sendung und das Ziel seines Auftrags in der Gemeinschaft der Kirche beschreibt:

„Was von Anfang an war, was wir gehört haben, was wir mit unseren Augen gesehen, was wir geschaut und was unsere Hände angefasst haben, das verkünden wir: das Wort des Lebens. Denn das Leben wurde offenbart; wir haben gesehen und bezeugen und verkünden Euch das Ewige Leben, das beim Vater war und uns offenbart wurde. Was wir gesehen und gehört haben, das verkünden wir auch Euch, damit auch Ihr Gemeinschaft mit uns habt. Wir aber haben Gemeinschaft mit dem Vater und mit seinem Sohn Jesus Christus. Wir schreiben dies, damit unsere Freude vollkommen ist" (1 Joh 1,1-4).

Ja, so verkünden wir das Leben: Sie und wir als Bischöfe und Priester, damit die Welt eine Gestalt erhält, die aus der Liebe erwächst. Dafür lohnt es sich, Christ und Priester im Heute zu sein.

Leben aus der Eucharistie

Zwei Vorträge beim Priestertag des Bistums Passau

Montag in der Karwoche, 21. März 2005

Liebe Mitbrüder im Bischofsamt, Bischof Wilhelm und Bischof em. Franz, liebe Mitbrüder im Priester- und Diakonenamt, liebe Alumnen,

zunächst möchte ich ganz herzlich danken für die Einladung zu diesem Tag, der ich gern entsprochen habe. Sowohl über die Kollegialität unter den Bischöfen als auch über die Verbundenheit der Bischöfe mit den Priestern werden in den Konzilstexten und in vielen kirchlichen Verlautbarungen immer wieder eindringliche Worte gesagt. Was aber heißt das konkret und damit auch spirituell? Ich habe diese Worte bewusst gesetzt: konkret und spirituell; denn diese Texte sind nicht einfach nur spirituell, sondern sie sind es erst, wenn sie konkret werden. Deshalb gehört es sich, im Maße des Möglichen, die Mitbrüder im priesterlichen Amt in ihrem geistlichen Auftrag zu unterstützen. Ob ich das heute vermag, ich will es versuchen. Mir ist nämlich ein Thema gestellt worden, bei dem es um konkrete Spiritualität geht: Priesterleben aus der Eucharistie. Man kann dies wie einen Satz lesen: Priester leben aus der Eucharistie. Man kann es aber auch als ein Substantiv verstehen: Priesterleben aus der Eucharistie. Es geht nicht um eine unterschiedliche Akzentsetzung. Es geht um einen Sachverhalt. Was lässt sich dazu alles sagen?! Ich setze hier ein Fragezeichen, aber mehr noch ein Ausrufezeichen. Was haben Sie, liebe Mitbrüder, dazu schon alles gesagt! Gibt es hier noch irgendetwas Neues zu formulieren? Wahrscheinlich nicht.

Einleitung und Zuweg

Fangen wir ganz konkret an: Jeden Tag feiern Sie die heilige Messe, manchmal sogar mehrfach. Es kann sein, dass die tägliche Zelebration nicht mehr so strikt in Übung ist, weil manche Mitbrüder pausieren wollen wegen der vielen Messen, die sie an einem Samstag/Sonntag feiern, die sie manchmal am Werktag auch wegen einer Kasualie feiern müssen. Und dennoch: Sie gehört zu unserem priesterlichen Leben. Ganz nüchtern könnte jemand auf die Frage, was denn einen Priester ausmache, antworten, er feiere die Messe. Ich erinnere mich, um hier eine kleine Anekdote einzufügen, an die Predigt, die Bischof Bernhard Stein bei meiner Priesterweihe gehalten hat. Er berichtete, wie er einmal während seines Theologiestudiums in den Semesterferien von einem Bewohner seines Eifeler Heimatdorfes befragt wurde, wo er denn jetzt bei seinem Studienweg stehe, die Messe zu lernen, ob er schon bis zur Opferung gekommen sei. Dahinter stand die Vorstellung: Wer Theologie studiert, um Priester zu werden, muss lernen, die Messe zu feiern. Das löst bei uns ein Schmunzeln aus. Aber es hat auch einen tiefen Sinn: Das, was wir als einen ganz wesentlichen Moment unseres Lebens ansehen, das will immer wieder gelernt sein. „Priester leben aus der Eucharistie" bedeutet: Priester lernen, aus der Eucharistie zu leben.

In der letzten Zeit haben uns offizielle Dokumente der Kirche zu diesem Thema manche Anregung gebracht:

• Vor über 40 Jahren ist die Liturgiekonstitution Sacrosanctum Concilium verabschiedet worden. In ihr ist ausdrücklich davon die Rede – und wie oft wurde es, auch von Ihnen, zitiert –, dass die „Liturgie der Höhepunkt ist, dem das Tun der Kirche zustrebt, und zugleich die Quelle, aus der all ihre Kraft strömt" (SC 10). Hier ist in ganz besonderer Weise an die Eucharistie gedacht. Das weist der Text nachdrücklich aus.

• Fast 40 Jahre später hat Papst Johannes Paul II. die Enzyklika Ecclesia de Eucharistia über die Eucharistie in ihrer Beziehung zur Kirche veröffentlicht (17. April 2003).

• Das ist nicht einmalig, dass der Papst über dieses Geheimnis des Glaubens spricht. Jedes Jahr hat er sich zum Gründonnerstag an die Priester der Welt gewandt, um ihnen gerade den Zusammenhang von Gründonnerstag und priesterlichem Dienst unter jeweils eigenen Gesichtspunkten nahe zu bringen.

• In der Folge der Eucharistie-Enzyklika ist auch die Instruktion Redemptionis Sacramentum über einige Dinge bzgl. der Eucharistie, die einzuhalten und zu vermeiden sind, zu sehen (25. März 2004) und ebenso das außerordentliche Jahr der Eucharistie, das mit dem Eucharistischen Weltkongress im Oktober 2004 begonnen hat und mit der Bischofssynode im Oktober 2005 endet, die übrigens den bezeichnenden Titel trägt: „Die Eucharistie als Quelle und Höhepunkt des Lebens und der Sendung der Kirche". Für dieses Eucharistische Jahr hat der Papst sich in einem apostolischen Schreiben Mane nobiscum Domine vom 7. Oktober 2004 an die Bischöfe, den Klerus und an die Gläubigen gewandt. Ich empfehle gerade dieses Apostolische Schreiben Ihrer geistlichen Lektüre. Mit dem Thema des heutigen Priestertages sind wir also sozusagen kirchlich „up to date".

Der Posaunenstoß des Konzils von dem fons et culmen wird 40 Jahre nach dem Ende des Konzils aufgenommen und wartet auf ein Echo in den Herzen der Gläubigen, besonders von uns Priestern, denen dieses Geheimnis in ganz besonderer Weise anvertraut ist. Findet es dieses Echo? Zur nüchternen Bestandsaufnahme gehört zweifellos auch, dass wir ehrlich sagen, was uns die Eucharistie bedeutet, wie wir mit ihr umgehen, wie sie uns Last ist, und wo sie wirklich zur inneren Freude wird. Ich denke an die Gewöhnung, der unser Leben mit der Eucharistie immer wieder ausgesetzt ist. Ich denke an die Last, die manche Vorbereitung zu einer Messe bedeuten kann. Ich denke dabei auch an manchen Konflikt, der auszutragen ist, weil die Lieder nicht passen, weil jemand vielleicht bei der Vorbereitung nicht genügend berücksichtigt wurde und so fort. Als firmender Bischof kann ich von mancher Last berichten, welche Anstrengungen es bisweilen bedeutet, bei allem menschlichen Gewerke in die große Wirklichkeit der Eucharistie hineinzufinden, die Spannung auszuhalten zwischen Katechese, Veranstaltung, Leistung einerseits und dem inneren Bewusstsein, hier doch eigentlich nur beschenkt zu werden.

Ich denke auch an manche Bemerkungen von Mitbrüdern, dass ein Zuviel an Messen eine geistliche Gefahr darstellen kann. Sicher gibt es manche Priester, die überhaupt keine Klage anstimmen, wenn sie am Sonntag mehr als zwei Messen zu feiern haben. Aber sicher weiß jeder von uns hier im Raum, wie sehr das auch zur Belastung werden kann: immer das Heilige zu tun, oder besser gesagt, immer dem Heiligen ganz nahe zu sein! Hier kommt eine anthropologische Dimension zum Zuge, die uns im Verhältnis zu Menschen nicht unvertraut ist: Können wir Nähe immer gut ertragen? Wie kann man bei der Messe mit Nähe und Distanz umgehen?

Eine Möglichkeit kann die Reflexion sein. Indem ein anderer Mensch etwas über dieses Geheimnis sagt und dabei auch seine eigene Färbung und Spiritualität mit einbringt, mag von dieser großen Kostbarkeit für mich etwas aufleuchten, manches vertieft werden, manches, was Patina trägt, wieder neu zum Glänzen kommen. Ich würde mich freuen, wenn meine Worte ein kleiner Beitrag dazu wären. Ich möchte es tun, indem ich meinen ersten Vortrag unter das Leitwort stelle: „Bei dir, Herr, ist die Quelle des Lebens. In deinem Licht schauen wir das Licht" (Ps 36,10). Im zweiten Vortrag möchte ich sprechen über: „Im Schauen auf dein Bild werden wir verwandelt – Eucharistie als existenzieller Prozess."

1. Vortrag

„Bei dir, Herr, ist die Quelle des Lebens. In deinem Licht schauen wir das Licht"
(Ps 36,10)

I. Schöpfen aus der Quelle

„Sechs Tage vor dem Paschafest kam Jesus nach Betanien, wo Lazarus war, den er von den Toten auferweckt hatte. Dort bereiteten sie ihm ein Mahl; Marta bediente, und Lazarus war unter denen, die mit Jesus bei Tisch waren. Da nahm Maria ein Pfund echtes, kostbares Nardenöl, salbte Jesus die Füße und trocknete sie mit ihrem Haar. Das Haus wurde vom Duft des Öls erfüllt" (Joh 12,1-3).

Diese Anfangsverse des heutigen Tagesevangeliums sind uns bekannt. Die Kirche verkündet sie bewusst am Montag der Karwoche, sechs Tage vor dem Osterfest. Vorausgegangen ist im Evangelium der Bericht über die Auferweckung des Lazarus. Sie hat beim Hohen Rat den Entschluss ausgelöst, Jesus zu töten. Er selbst bewegt sich nicht mehr öffentlich unter den Juden, sondern lebt zurückgezogen. Der Evangelist berichtet allerdings, dass die Leute, die zum Osterfest nach Jerusalem hinaufziehen, „um sich zu heiligen" (Joh 11, 55c), nach Jesus fragen und darüber diskutieren, ob er zum Fest kommt, oder ob er es doch nicht tut. Dann berichtet Johannes diese Szene. Es handelt sich um eine Geste der Liebe, die völlig verschwenderisch ist. Maria aus Betanien nimmt das kostbare Öl, von dessen Duft schließlich das ganze Haus erfüllt ist, und gießt es über die Füße Jesu aus. Markus erwähnt (Mk 14, 3), dass sie dieses Gefäß sogar zerbrochen hat. Das Motiv ist eindeutig: In dieser Liebeshandlung der Maria wird auch etwas sichtbar vom Liebeshandeln Jesu selbst. Ja, hier wird etwas Eucharistisches deutlich: Der Herr verschwendet sich vollständig, lässt sich in seinem Leid zerbrechen, der Duft seines Geistes soll das ganze Haus erfüllen. Man könnte darüber diskutieren, warum Gott sich so an den Menschen verschwendet, ob das überhaupt sinnvoll ist. Hat der Mensch das verdient, ist er das wert? Wie viele Theorien über den Menschen gibt es, die klein über den Menschen denken, sodass die Verschwendung der Liebe Gottes an ihn überhaupt nicht in Frage kommt.

In Maria erfahren wir einen Menschen, der das aufgreift, was ihm von Gott angeboten wird. Sie verschwendet ihre Liebe völlig zwecklos. Deshalb kann Jesus diese Geste auch deuten und ihr einen inneren Sinn verleihen: „Lass sie, damit sie es auf den Tag meines Begräbnisses hin aufbewahre" (Joh 12, 7). Hier zeigt sich etwas Grundsätzliches: Wer in der Liebe zum Herrn etwas auch menschlich sinnlos Erscheinendes tut, darf gewiss sein, dass er es ist, der diese Tat und diese Geste in den größeren Zusammenhang seiner Liebe einzuordnen weiß.

Diese Geste der Maria ist ein Sinnbild für das verschwenderische Handeln Gottes selbst und zugleich ein Bild für unsere Antwort, die ebenfalls nur – freilich im Maß des uns Möglichen – verschwenderisch sein kann. Diese Geste der Maria führt uns an die Quelle, aus der unser christliches Leben verstanden und gelebt werden will: Gott ist in seiner Liebe verschwenderisch, total verschwenderisch.

Ein Blick auf die geistliche Tradition der Kirche führt mich immer wieder zu Ignatius von Loyola. Ich halte das Exerzitienbuch für eine wertvolle Einübung in das christliche Leben, weil es nicht zu detaillierten aszetischen Weisungen verhelfen will, sondern zu der Quelle führt, die der Herr selbst ist. Bemerkenswerterweise endet das Exerzitienbuch und damit eigentlich jede Weise, Exerzitien zu machen, mit der so genannten Betrachtung zur Erlangung der Liebe. Ich halte das für äußerst bemerkenswert deshalb, weil Liebe hier nicht verwechselt wird mit einem moralischen Appell und damit nicht zu einer willensmäßigen Anstrengung verkommt. Ignatius spricht davon, dass man die Liebe erlangt, indem man sie betrachtet. Das bedeutet nicht, dass die Liebe bloß eine Idee ist; denn ausdrücklich betont Ignatius, „dass die Liebe mehr in die Werke gelegt werden muss als in die Worte" (EB 230), und er fügt an: „Die Liebe besteht in der Mitteilung (communicación) von beiden Teilen her; das will heißen, dass der Liebende dem Geliebten gibt und mitteilt, was er hat, oder von dem, was er hat oder kann, und als Gegenstück dazu der Geliebte dem Liebenden ..." (EB 231). Nach diesen Vorbemerkungen weist Ignatius den Beter darauf hin, dass er sich zunächst einmal ins Gedächtnis rufen soll, was Gott ihm alles in der Schöpfung, der Erlösung und in den besonderen Gaben, die jedem Einzelnen zuteil geworden sind, geschenkt hat. Aber damit nicht genug, all das drängt darauf, zu betrachten, „wie sehr derselbe Herr danach verlangt, sich selbst mir zu geben, soweit er es nur vermag gemäß seiner göttlichen Herablassung" (EB 234).

Darum geht es: Gott verlangt danach, sich selbst mir zu geben. In ihm lebt die Sehnsucht, sich mir ganz zu schenken, sich dafür zerbrechen zu lassen, um sich an mich zu verschwenden. Man kann an dieser Stelle darauf aufmerksam werden, wie sehr alles menschliche Sehnen sekundär ist. Augustinus hat das bekanntlicherweise in seinen Bekenntnissen klassisch formuliert: „Für dich, Gott, sind wir geschaffen; und unruhig ist unser Herz, bis es ruht in dir" (Conf. I 1, 1). Die Sehnsucht des Menschen ist etwas Sekundäres, weil die Sehnsucht Gottes, wie es dem Wesen seiner Liebe entspricht, das Erste ist. Man könnte deshalb den Satz des Augustinus umdrehen und auf Gott hin wenden, der zum Menschen spricht: „Unruhig ist mein Herz, bis es ruht in dir." Im Zusammenhang des Abendmahls formuliert der Evangelist Lukas: „Und er sagte zu Ihnen: Ich habe mich sehr danach gesehnt, vor meinem Leiden dieses Paschamahl mit euch zu essen"

(Lk 22, 15). Es ist die innerste Sehnsucht, mit uns zusammen zu sein gerade in diesem Mahl, in dem er sich mit seinem Leib und seinem Blut anbietet.

Eucharistie heißt: schöpfen aus dieser Quelle. Es geht um Gott und seine Liebe selbst. Sie will die Frage in uns wecken: „Weißt du, wie sehr ich dich liebe?"

II. Bei dir ist die Quelle des Lebens

Wir spüren, wie sehr wir hier in das innerste Geheimnis Gottes selbst geführt werden. Was Jesus uns gebracht hat, ist nicht irgendeine menschliche Weisheit, ist auch nicht die Aufgipfelung der Prophetien und des Gesetzes Israels, es ist viel mehr die Offenbarung Gottes selbst. Natürlich sagen wir das immer wieder, und es erscheint uns wie eine Selbstverständlichkeit. Ich bin aber immer von der Frage umgetrieben, ob wir das innerlich wirklich aufgenommen haben; denn es hat massive Konsequenzen. Ist für viele nicht das Christentum ein Ethos, eine Religion unter anderen, eine Moral? Ist es nicht deshalb besonders nützlich, weil es zu einem besseren Anstand führt? Es mag durchaus sein, dass das Christliche in unserer Gesellschaft an vielen Punkten akzeptiert ist, weil die Menschenwürde, die Menschenrechte, das menschliche Zusammenleben und vieles mehr vom Christentum her eine Prägung erhalten haben und können, die vieles andere übersteigt. Aber das ist noch nicht der entscheidende Punkt; der entscheidende Punkt ist die Offenbarung Gottes selbst.

Mir wird in den letzten Jahren immer deutlicher, dass die große Bewegung des Konzils noch nicht eingeholt ist. Mir fällt auf, dass das Dokument über die Offenbarung kaum im Vordergrund der Zitationen und Betrachtungen steht. Ich halte es allerdings für das Wichtigste. Von ihm her lese ich die anderen Dokumente des Konzils. Im ersten Kapitel der Dogmatischen Konstitution über die göttliche Offenbarung heißt es wörtlich: „Gott hat in seiner Güte und Weisheit beschlossen, sich selbst zu offenbaren und das Geheimnis seines Willens kund zu tun: dass die Menschen durch Christus, das Fleisch gewordene Wort, im Heiligen Geist Zugang zum Vater haben und teilhaftig werden der göttlichen Natur. In dieser Offenbarung redet der unsichtbare Gott aus überströmender Liebe die Menschen an wie Freunde und verkehrt mit ihnen (cum eis conversatur), um sie in seine Gemeinschaft einzuladen und aufzunehmen (in die Gemeinschaft mit sich, heißt es wörtlich)" (DV 2).

Vergleicht man diesen Text mit dem entsprechenden des Ersten Vatikanischen Konzils (Dei Filius), fällt der Unterschied sehr deutlich auf: Das Erste Vaticanum spricht abstrakt von der Weisheit und Güte, das Zweite erwähnt ausdrücklich die Person Gottes, von der das Offenbarungsgeschehen ausgeht, und auf die es zurückführt. Ratzinger schreibt in seinem Kommentar dazu: „Gott selbst, die Person Gottes, ist es, von der das Offenbarungsgeschehen ausgeht, auf die es zurückführt, und so reicht Offenbarung auch auf Seiten ihres Empfängers notwendig in die Personmitte des Menschen hinein, betrifft ihn in der Tiefe seines Ich, nicht nur in seinem Einzelvermögen, in Wille und Verstand" (LThK Ergänzungsband II, 506). Aber mehr noch ist der Unterschied zu beachten, dass das Erste Vaticanum von „ewigen Dekreten seines Willens" spricht, das Zweite vom Sakrament seines Willens. Hier stehen gesetzliche Sicht, als ob Offenbarung der Erlass göttlicher Dekrete sei, und sakramentale Sicht gegenüber. Es geht um das innere Engagement Gottes, sich selbst kund zu tun und nicht Dekrete zu veröffentlichen, sondern die Menschen durch Christus zum Vater zu führen, sie aus überströmender Liebe wie Freunde anzusprechen und in die Gemeinschaft mit sich einzuladen. Am Schluss der Konstitution ist ausdrücklich vom Gespräch zwischen Gott und Mensch die Rede, das durch die Lesung der Heiligen Schrift ermöglicht wird (DV 25).

Das Konzil stellt somit die personale Sicht in den Mittelpunkt und verleiht dem Christentum damit einen Charakter, der den Menschen in der Tiefe seines Herzens trifft. Christentum ist das Ereignis, dass ein Mensch zu Gott sagen kann: „Bei dir, Herr, ist die Quelle des Lebens." Christen wissen dabei ganz genau, dass sie mit dem Wort „Herr" ihren Herrn und Erlöser Jesus Christus ansprechen, in dem Gott offenbar wurde, und der uns die Gemeinschaft mit seinem Vater in der Einheit ihres Geistes als die Quelle des Lebens erschließt. Wenn das Konzil sagt, Gott teile „sich" mit, dann ist darin zum Ausdruck gebracht, wie sehr Gott selbst im Innersten bewegt ist, mit den Menschen zusammenzusein, seine Gemeinschaft kund zu tun und anzubieten; denn er weiß im Tiefsten, was Gemeinschaft ist:

Er trägt in sich die tiefe Sehnsucht, sich zu schenken, sich selbst zu geben. Deshalb ist er Vater. Deshalb ist der Sohn der, der diese Liebe des Vaters aufnimmt, und den es drängt, dem Vater diese Liebe immer wieder zurückzuschenken. In diesem Geist lebt Gott, von ihm ist er erfüllt. In dessen Atmosphäre bewegt er sich. In der Person und Gestalt Jesu Christi wird all das von Gott offenbart. Was auch immer ich aus dem Leben Jesu betrachte, es offenbart mir seine Liebe. Wie sehr gilt das verdichtet in der Eucharistie!

III. In deinem Licht schauen wir das Licht

Das Schreiben von Papst Johannes Paul II. zum Eucharistischen Jahr beginnt mit der Bitte der Jünger, die sich auf dem Weg nach Emmaus befinden und den Fremden, der mit ihnen geht, einladen mit den Worten: „Bleibe bei uns" (Lk 24,29). Sie treffen damit auf die innerste Intention Gottes selbst: Er will bei uns bleiben. In der Eucharistie beantwortet er diese Sehnsucht der Jünger. Er bietet sich selbst an. Zugleich hat er Sehnsucht danach, dass wir bei ihm bleiben.

Der Papst entfaltet in seinem Schreiben das Geheimnis der Eucharistie in unterschiedlichen Aspekten. Er beginnt mit der Betrachtung der Eucharistie als Geheimnis des Lichtes (MnD 11-18). Worin besteht dieses Licht? Der Papst gibt die Antwort, indem er auf den Wortgottesdienst in der Feier der Eucharistie hinweist. Da er sich in seiner Betrachtung leiten lässt vom Weg der Jünger nach Emmaus, kann er gut anknüpfen an die erste Passage dieses Weges, in der die Jünger der Auslegung der Schrift durch den Herrn begegnen: „Er legt ihnen dar, was in der gesamten Schrift über ihn geschrieben steht" (Lk 24,27). Ausdrücklich sagt Johannes Paul: „Die Eucharistie ist vor allem deshalb Licht, weil in jeder Messe der Wortgottesdienst der Eucharistiefeier in der Einheit der beiden ‚Tische' des Wortes und des Brotes vorausgeht" (MnD 12). Vorgebildet sieht er dies in der Eucharistischen Rede in Joh 6. Hier verkündet Jesus, dass sein Fleisch wirklich eine Speise ist und sein Blut wirklich ein Trank (vgl. Joh

6, 55); und genau dieses Wort verursacht eine Krise unter den Jüngern, die im Bekenntnis des Petrus gipfelt, dass nur Jesus Worte des ewigen Lebens hat (ebd. 6, 68). Auch in der Erzählung der Jünger von Emmaus ist es das Wort, das die Herzen der Jünger zum Brennen bringt. Freilich wird ihnen das erst bewusst, als sie dem Herrn in der Eucharistie begegnen. Da erst erkennen sie, wie sehr das Wort sie zum Brennen des Herzens geführt hat.

Das Geheimnis der göttlichen Offenbarung, dass Gott sich selbst schenkt, geschieht gerade in der Weise der An-Sprache: Gott spricht mit den Menschen durch Jesus Christus, um sie so in seine Gemeinschaft hineinzuführen. Im Wort Jesu Christi geht den Menschen ein Licht auf. Immer wieder betont die Schrift, wie die Menschen darüber staunen, weil noch nie jemand so geredet hat wie er. Jeder von uns kann das bestätigen, wie tief die Worte der Heiligen Schrift in unser Herz gehen können, wie sehr wir von diesen Worten immer wieder neu zu leben versuchen. Denken Sie z.B. nur daran, welches Wort Sie sich als Primizspruch ausgewählt haben. Der reiche Schatz der Heiligen Schrift kommt für Sie darin auf den Punkt; und gleichzeitig kommt Ihr inneres Sehnen, warum Sie Priester werden wollten und sind, an dieser Stelle auf den Punkt. Ein wunderschönes Zusammentreffen! Was ist uns durch das Wort schon alles aufgegangen!

Gehen wir diesem Geheimnis etwas nach, so spüren wir angesichts der Wirklichkeit Jesu, dass er in Person Wort ist. Zugleich rühren wir wieder an das Innerste Gottes selbst: Gott spricht sein Herz aus – und das ist der Sohn. Er ist es, der ständig auf den Vater und sein Herz hin existiert, sodass er zum Ausleger, zum Exegeten des Wortes werden kann, wie es am Schluss des Prologs heißt:

„Der Einzige, der Gott ist, und auf den Busen des Vaters hin ist, der hat Gott ausgelegt" (Joh 1, 18). In diesem Wort Jesus hat Gott alles gesagt. Hier wird offenbar, was das Sakrament seines Willens ist. In ihm redet der unsichtbare Gott uns wie Freunde an: „Ich nenne euch nicht mehr Knechte; denn der Knecht weiß nicht, was sein Herr tut. Vielmehr habe ich euch Freunde genannt; denn ich habe euch alles mitgeteilt, was ich von meinem Vater gehört habe" (Joh 15, 15).

Dass Gott sich selbst offenbart, wirft ein Licht auf die gesamte Wirklichkeit. Nur von Christus her ist die Wirklichkeit in Wahrheit zu lesen. Deshalb nennt das Konzil ihn auch „das Licht der Völker" (LG 1). An dieser Stelle gilt es, ein wenig innezuhalten. Was sagen wir da, wenn wir behaupten, von Christus her sei die Wirklichkeit in Wahrheit zu lesen? Wir leben in einer Zeit, die geprägt ist von der Aufklärung. Die aber wiederum ist der Überzeugung, dass der Mensch in Wahrheit die Dinge nicht erkennen kann. Und wir behaupten, dass die Wahrheit erkennbar ist, ja dass sie in Christus Person geworden ist, und dass von ihr her die Wirklichkeit in ihrer Wahrheit gelesen werden kann. Ich möchte noch auf einen Satz der Pastoralkonstitution über die Kirche in der Welt von heute hinweisen, den ich als Kernsatz dieses gesamten Dokumentes wie einen hermeneutischen Schlüssel ansehe, und der diesen Zusammenhang in eigener Weise akzentuiert:

„Tatsächlich klärt sich nur im Geheimnis des Fleisch gewordenen Wortes das Geheimnis des Menschen wahrhaft auf ... Christus ... macht eben in der Offenbarung des Geheimnisses des Vaters und seiner Liebe dem Menschen den Menschen selbst voll kund und erschließt ihm seine höchste Berufung" (GS 22).

Hier kann man doch wahrhaft sagen: In deinem Licht schauen wir das Licht. Er ist in der Tat „das wahre Licht, das jeden Menschen erleuchtet" (Joh 1, 9).

In der Eucharistie verdichtet sich das Wort. Die Eucharistie ist fast wie eine Summe des Evangeliums anzusehen: Hier schenkt sich Gott. Die Eucharistie ist ganz und gar Wort. In der Eucharistie wird uns Gottes Liebe zu uns Menschen offenbar. Hier klärt sich auf, was es um den Menschen ist, welches Geheimnis er für Gott, welchen Wert, welchen Schatz der Mensch für Gott darstellt. Sehen wir im Licht der Eucharistie, was es um das Geheimnis des menschlichen Lebens ist, was es sogar um die dunkle Seite seines Todes sein kann? Können wir nicht vom Geheimnis der Eucharistie her das soziale Gefüge der menschlichen Gesellschaft neu verstehen, von ihm her die tiefen Dimensionen erahnen, die die Hingabe von Besitz, Macht und leiblicher Liebe an den Herrn ermöglicht? In deinem Licht können wir Licht sehen!

IV. Priesterleben aus der Eucharistie

Papst Johannes Paul II. betont in seinem Schreiben zum Eucharistischen Jahr: „Das Jahr der Eucharistie erwächst aus dem Staunen, mit dem die Kirche diesem großen Geheimnis begegnet" (MnD 29). Er greift damit auf, was Papst Paul VI. schon 1965 in seiner Enzyklika über die Eucharistie Mysterium fidei gesagt hat: „Das unaussprechliche Geheimnis des Glaubens, nämlich das Geschenk der Eucharistie, dass sie von ihrem Bräutigam Christus als Unterpfand seiner Liebe empfangen hat, hat die katholische Kirche gleichsam als ihren kostbarsten Schatz stets treu bewahrt" ... So ist das eucharistische

Mysterium gleichsam das Herz und der Mittelpunkt der Liturgie, weil es der Lebensquell ist, der uns reinigt und stärkt" (Einleitung). Damit haben wir täglich zu tun. Welche Herausforderung ist das! Es ist ein Anruf an unsere Freiheit. Es ist ein Anruf an die Freiheit unserer Schwestern und Brüder, denen wir dieses Geheimnis verkünden und immer wieder neu reichen dürfen. Hier zeigt sich die ganze Provokation des Christentums, die das Konzil mit seiner personalen Betonung des Geheimnisses der Offenbarung so stark in den Blick genommen hat: Christlicher Glaube ist wesentlich Anruf an die personale Freiheit. Weil Gott nicht irgendwelche Dekrete veröffentlicht hat oder, um es etwas vulgärer zu sagen, weil er sich nicht dadurch geoffenbart hat, dass er ein Buch „für alle Fälle" auf die Erde geworfen hat, sondern weil er sich geschenkt hat, sind wir herausgefordert, darauf zu antworten.

Ich möchte dies aber noch einmal vertiefen von Christus selbst her. Er ist nämlich das Priesterleben aus der Hingabe und Danksagung an den Vater. Denn was bedeutet das für ihn, dass er unsere Freiheit herausruft? Ist er nicht geradezu unvorsichtig in seiner Liebe, weil er auf Ablehnung stoßen wird, wenn er die Freiheit provoziert und will? Gerade darin wird er zum Priester im Sinne des Opferpriesters, weil er nicht nachlässt, sich uns anzubieten, um uns zu werben, weil er immer wieder neu darauf bedacht ist, allen, mit denen er lebt und spricht, die Bitte vorzutragen, ihm doch den Weg zum Herzen freizugeben, damit seine Liebe sich darin einsenken kann. Weil er vom Vater kommt, weil er das Wort des Vaters immer wieder neu an seinem Herzen gehört hat, ja es selbst ist, weil sein ganzes inneres Sehnen danach verlangt, sich selber dem Vater immer wieder neu zu schenken, deshalb wird er Mensch; denn er kann die Kinder des Vaters nicht allein lassen, sind sie doch seine Schwestern und Brüder. – Im Hebräerbrief wird dieser christologische Aspekt, sein Zusammensein mit dem Vater und mit den Menschen, so formuliert:

„Er scheut sich nicht, sie Brüder zu nennen und zu sagen: Ich will deinen Namen meinen Brüdern verkünden, inmitten der Gemeinde dich preisen; und ferner: Ich will auf ihn mein Vertrauen setzen; und: Seht, ich und die Kinder, die Gott mir geschenkt hat. Da nun die Kinder Menschen von Fleisch und Blut sind, hat auch er in gleicher Weise Fleisch und Blut angenommen, um durch seinen Tod den zu entmachten, der die Gewalt über den Tod hat, nämlich den Teufel, und um die zu befreien, die durch die Furcht vor dem Tod ihr Leben lang der Knechtschaft verfallen waren. Denn er nimmt sich keineswegs der Engel an, sondern der Nachkommen Abrahams nimmt er sich an. Darum musste er in allem seinen Brüdern gleich sein, um ein barmherziger und treuer Hoherpriester vor Gott zu sein und die Sünden des Volkes zu sühnen. Denn da er selbst in Versuchung geführt wurde und gelitten hat, kann er denen helfen, die in Versuchung geführt werden" (Hebr 2, 11b-18).

Hierin gründet sein priesterlicher Dienst. Er lebt aus der Danksagung an die Liebe des Vaters, die er nur verwirklichen kann, indem er sich gibt bis zum Äußersten des Todes, um die zu befreien, die aus Furcht vor dem Tod ihr Leben verfehlen können statt in die Gemeinschaft mit dem Vater zu gelangen.

Sie erinnern sich, dass der Evangelist Johannes vor dem Bericht über die Salbung in Betanien von den Menschen erzählt, die nach Jerusalem hinaufziehen, „um sich zu heiligen" (Joh 11, 55). Es ist ein alttestamentlicher Ritus der Reinigung mit dem Reinigungswasser, wie es für die Feier des Pascha notwendig war (vgl. Num 9, 6-13; 2 Chr 30, 15-19). Johannes wendet das Wort von der Heiligung auf Jesus an. Er ist derjenige, „den der Vater geheiligt und in die Welt gesandt hat" (Joh 10, 36). Er ist derjenige, der im Hohepriesterlichen Gebet die Bitte an den Vater richtet: „Heilige sie in der Wahrheit; dein Wort ist Wahrheit. Wie du mich in die Welt gesandt hast, so habe auch ich sie in die Welt gesandt. Und ich heilige mich für sie, damit auch sie in der Wahrheit geheiligt sind" (Joh 17, 17-19). Auch der Hebräerbrief vermerkt an der eben zitierten Stelle: „Denn er, der heiligt, und sie, die geheiligt werden, stammen alle von einem ab" (Hebr 2, 11).

Darin vollzieht sich sein Priestertum: Dass er sich ganz gibt und über jede äußere Reinigung hinaus den inneren Sinn des Pascha erfüllt, indem er selbst zum Opferlamm wird und damit zugleich die Menschen würdig macht, in seiner Wahrheit fähig zu werden, Heilige zu sein, was nichts anderes bedeutet, als einbezogen zu werden in den Bereich Gottes, durchdrungen zu sein mit dessen Art, anders ausgedrückt, voller Liebe zu sein – verschwenderisch. Ich kann hier auch noch einmal auf den Text aus Dei Verbum zurückgreifen und darauf hinweisen, dass das Sakrament des göttlichen Willens darin besteht, dass die Menschen durch Christus im Heiligen Geist Zugang haben zum Vater und teilhaftig werden der göttlichen Natur.

Deshalb ist Eucharistie Vergegenwärtigung seines Opfers, immer wieder neue Memoria, die Wirklichkeit und präsent wird unter uns. Es gibt einen schönen Text aus der sonst bei uns nicht mehr so beliebten Sequenz „Dies Irae", in dem ich das am schönsten und eindrücklichsten zusammengefasst sehe, wie sehr der Herr als Priester lebt aus der Hingabe, zu der ihn die Dankbarkeit an den Vater treibt: „Quaerens me sedisti lassus, redemisti crucem passus." – „Mich suchend hast du dich völlig erschöpft niedergesetzt, mich hast du erlöst, weil du das Kreuz erlitten hast."

Der Herr sucht mich, er sehnt sich danach, sich selbst mir zu geben. Das hat ihn völlig erschöpft gemacht. Ignatius spricht davon, dass der Beter betrachten solle, wie sehr unser Gott und Herr sich abmüht in allen Dingen (vgl. EB 236). Aber er zieht sozusagen den Weg durch bis zum Erleiden des Kreuzes. Das wird unsere Erlösung.

Wenn wir Eucharistie feiern, stehen wir in diesem Geheimnis. Der Vers dieser Strophe aus der Sequenz endet mit den Worten: „tantus labor non sit cassus – dass doch solche Mühe nicht vergeblich sei!" Schon deshalb lohnt es sich, Eucharistie zu feiern und sich vor der Gewöhnung an sie zu bewahren. Seine Mühe kann doch nicht vergeblich sein! In Ihm ist Priesterleben ein Leben aus der Eucharistie. In Ihm leben Priester aus der Eucharistie.

In den Laudes am Mittwoch der dritten Woche beten wir immer einen etwas fremden Text aus dem Buch des Propheten Jesaja. Im eucharistischen Zusammenhang, den wir jetzt bedacht haben, bekommt er eine eigene Färbung:

„Ihr in der Ferne, hört, was ich tue;
Ihr in der Nähe, erkennt meine Kraft!
Die Sünder in Zion beginnen zu zittern,
ein Schauder erfasst die ruchlosen Menschen.
Wer von uns hält es aus neben dem verzehrenden Feuer?

Wer von uns hält es aus neben der ewigen Glut?
Wer rechtschaffen lebt und immer die Wahrheit sagt,
der wird auf den Bergen wohnen,
Felsenburgen sind seine Zuflucht;
man reicht ihm sein Brot,
und seine Wasserquelle versiegt nicht." (Jes 33, 13-15a.16)

2. Vortrag

„Im Schauen auf dein Bild werden wir verwandelt – Eucharistie als existenzieller Prozess"

Einleitung

Jede Beschäftigung mit dem Thema Eucharistie kommt mir vor wie ein Eintauchen in ein großes Meer, wie ein Verweilen in einem großen Mysterium. Es wird deutlich, dass das Christliche aber immer auch eine konkrete Gestalt hat. Eine Gestalt aber will angeschaut, umschritten werden. Man kann sie von verschiedenen Seiten betrachten und immer wieder neu eine Perspektive entdecken. Wir haben uns heute Morgen davon leiten lassen, dass wir in der Eucharistie an die Quelle unseres Lebens geführt werden, die auch Lichtquelle ist, um unser christliches Dasein nicht nur zu verstehen, sondern zu leben. Wir sind dabei immer wieder auf die Gestalt Jesu Christi gestoßen, in dem die Offenbarung Gottes kulminiert, ein Gesicht bekommt, in der Tat konkret Gestalt wird. Sie ist ganz und gar spirituell und deshalb konkret. Er selber ist die Urfigur eines priesterlichen Lebens, das sich gestaltet und formt aus der Danksagung, der Eucharistie. Ja, er ist die Eucharistie, durch die wir zu dem Ziel kommen, das im Geheimnis des Willens Gottes liegt, nämlich Zugang zum Vater zu haben und teilhaftig zu werden der göttlichen Natur. Man könnte auch schlicht und einfach sagen: um heilig zu werden.

Wie „geht" das? Schlichte Antwort: durch das Gebet und das Schauen auf das Antlitz Jesu Christi. Beides ist übrigens dasselbe. Im Schauen auf Jesus Christus, im immer wieder neuen Umgang mit ihm, werden wir in jene Gemeinschaft aufgenommen, zu der das ganze „Unternehmen Offenbarung", so möchte ich einmal platt und nüchtern sagen, gedacht ist. Wenn wir Priester daraus leben wollen, gilt das vor allem für uns.

I. Priester leben aus der Eucharistie, weil sie betende Menschen sind

„Nimm hin das Evangelium Christi, zu dessen Verkündigung du bestellt bist. Was du liest, ergreife im Glauben, was du glaubst, das verkünde, was du verkündest, erfülle im Leben." Dieser Text ist uns bekannt, er wird immer wieder gesprochen, wenn bei der Diakonenweihe das Evangelienbuch in die Hände gelegt wird. Das ist der ausdeutende Ritus dieser Weihehandlung überhaupt. Uns wird das Evangelium Christi anvertraut. Das Wort, das der Vater in die Welt gesprochen hat, Jesus Christus, wird uns in die Hände gelegt. Wir sind aufgerufen, damit umzugehen, es aufzunehmen, es im Glauben zu ergreifen, um dann Verkünder dieses Wortes zu werden. Gerade in der Betrachtung des Wortes Gottes vollzieht sich Gebet. Hier kann ich staunen über den Schatz, den die Offenbarung darstellt. Hier werde ich hineingenommen in das Geheimnis des Lichtes. Hier ruhe ich am Herzen des Sohnes Gottes, so wie Johannes, der Liebesjünger, es im Abendmahlssaal getan hat, und wie es der Sohn selbst in Ewigkeit beim Vater lebt. Umgang mit dem Wort Gottes ist Umgang mit dem Herzschlag Gottes. Hier ereignet sich das Gespräch zwischen Gott und Mensch, von dem das Konzil deshalb sprechen kann, weil Offenbarung eine personale Wirklichkeit ist. Hier gibt er sich mir zu verstehen. Wenn von großen Heiligen berichtet wird, dass sie sich mit Christus unterhalten haben, dann schrecken wir vielleicht allenthalben zurück. Könnte nicht auch von uns, wie zum Beispiel von Gertrud von Helfta gesagt werden: „Mit dem Herrn der Herrlichkeit hatte sie häufig bedeutende Unterredungen" (Gertrud von Helfta, Gesandter der göttlichen Liebe, Darmstadt 1989, 527)? Ist nicht unser Umgang mit ihm immer wieder eine bedeutende Unterredung? In der Eucharistie-Enzyklika hat Papst Johannes Paul II. Maria als die eucharistische Frau bezeichnet – genau deshalb. Sie ist es nämlich, die das Wort Gottes ganz in sich aufgenommen hat. Kann ich nicht zu einem eucharistischen Mann werden?

„Nimm hin die Gaben des Volkes für die Feier des Opfers. Bedenke, was du tust, ahme nach, was du vollziehst, und stelle dein Leben unter das Geheimnis des Kreuzes." Auch diese Worte sind uns bekannt. Was uns im Wort anvertraut ist, wird in der Eucharistie verdichtet. Die Gaben der Erde und der menschlichen Arbeit werden in unsere Hände gelegt. In ihnen will sich der Herr der ganzen Welt schenken. Das ist uns anvertraut. Ist das nicht Gebet? Soll das nur wie ein mechanisches Tun vollzogen werden, oder erfordert es nicht im Tiefsten die Anbetung? Anbetung im Zusammenhang mit der Eucharistie wird immer als ein ökumenisches Problem dargestellt. Das ist es auch. Ich möchte es hier ausklammern. Es ist aber auch ein Problem, weil es eine bestimmte Frömmigkeitsform darstellt, mit der sich manche schwer tun. Darf ich einmal fragen: Wenn der Herr sich uns anbietet, sind wir dann in der Lage, im Je-Jetzt das alles aufzunehmen? Fordert es nicht Zeit, den Empfang auszudehnen, um ihn immer tiefer in mich aufzunehmen? Paul VI. hat zur täglichen Visitation gesagt: „Eine solche Besuchung ist ein Beweis der Dankbarkeit und ein Zeichen der Liebe und der schuldigen Verehrung gegenüber Christus, dem Herrn, der hier gegenwärtig ist" (MF). Gerade die Anbetung hilft uns, in die Mitteilung von beiden Seiten her einzutreten, von der Ignatius spricht. Wir schauen auf sein Angesicht, und wir werden verwandelt in seine Gestalt. Davon bin ich fest überzeugt; denn der, der Christus immer wieder neu aufnimmt, wird anders.

II. Priester leben aus der Eucharistie, weil sie dankende und dankbare Menschen sind

Eucharistie ist im Tiefsten Danksagung. Wer weiß es nicht? Aber es ist eben nicht eine Danksagung, wie wir sie erleben, wenn Eltern ihrem Kind sagen: „Sag doch einmal schön ‚Danke!'" Oder wie wir uns gegenseitig auffordern, die Dankbarkeit nicht zu vergessen. Das geht viel tiefer. Es geht um das Stehen in der Haltung des Sohnes Gottes selbst.

Schauen wir noch einmal auf das Innerste, das Gott uns in Jesus Christus gezeigt hat: Der Vater schenkt sich ganz. Der Sohn empfängt sich ganz aus der Hand des Vaters. Der Sohn ist glücklich darüber, dass der Vater sich in ihn hinein verausgabt. Der Vater ist glücklich darüber, dass er sich dem Sohn ganz schenken kann. Dankbar schenkt er sich dem Sohn, weil er ihn aufnimmt. Dankbar schenkt sich der Sohn dem Vater zurück, dem er sich seit Ewigkeit her verdankt. Das Leben des Sohnes ist eine einzige dankende Rückwende zum Vater. Das ist Eucharistie im tiefen Sinn.

Das Gegenteil ist die Sünde, sich nicht als verdankte Existenz zu verstehen, autark zu sein, sein zu wollen wie Gott. Oder die Haltung der Pharisäer, sich so in ihrer Frömmigkeit zu verhärten, dass der Eindruck entsteht, Gott schulde den Frommen seine Gaben. Die Haltung der Dankbarkeit steht gegenüber der Haltung, sich sein Glück selber schmieden zu wollen.

Es gibt einen Teufelskreis: In uns lebt durchaus der Wille, gut zu sein, dankbar zu sein. Und doch beziehen wir uns immer wieder auf uns selbst. Wir finden aus diesem Kreis nicht heraus. Gott selber bricht ihn auf. In Jesus schenkt er denjenigen, der ganz und gar Gott die Ehre gibt, der sich als ein Empfangender versteht. Denken wir zum Beispiel an die Worte, mit denen Johannes die Erzählung von der Fußwaschung einleitet: „Jesus, der wusste, dass ihm der Vater alles in die Hand gegeben hatte und dass er von Gott gekommen war und zu Gott zurückkehrte ..." (Joh 13,3).

In einer technisierten und verfunktionalisierten Welt geht es nicht nur um eine moralische Aufforderung, dankbar zu sein, sondern um eine Lebenshaltung und Gestalt, die ganz aus der Dankbarkeit lebt. Immer wieder sagen wir es gerade im Wandlungsbericht: „Er nahm das Brot, sagte Dank ..."

Dankbarkeit und Gebet sind zwei verschiedene Facetten einer Wirklichkeit. Es geht immer um die Hinwendung zu Jesus Christus und das Hineinwachsen in seine Haltung. Sehr konkret, praktisch und sehr schön finde ich das alles verwirklicht im Gebet des Vaterunsers. In dieses Gebet kann man hineinwachsen. Alles ist in ihm enthalten. Nicht umsonst verwendet der heilige Ignatius es in seinem Exerzitienbuch als eine Anleitung zum intensiven Gebet (EB 252-257). Man kann jedes einzelne Wort für sich verkosten und darin verweilen.

Im Johannes-Verlag Einsiedeln ist in diesem Jahr das Buch des russisch-orthodoxen Priesters Alexander Schmemann über die „Eucharistie – Sakrament des Gottesreichs" erschienen. Vater Alexander sieht in der Eucharistie das Sakrament der Danksagung schlechthin, in der uns ermöglicht wird, nicht nur etwas über Gott zu wissen, sondern ihn selbst in seiner ganzen Tiefe kennen zu lernen. Das aber ermöglicht Freiheit:

„Schließlich ist Danksagung als Fülle der Erkenntnis auch Fülle jener echten Freiheit, von der Christus gesagt hat: ‚Ihr werdet die Wahrheit erkennen, und die Wahrheit wird euch frei machen' (Joh 8, 32). Die Freiheit, die der Mensch durch seinen Abfall von Gott und seine Verbannung aus dem Paradies verlor. So wie die Erkenntnis, mit der sich der Mensch brüstet und sich für überaus mächtig erachtet, keine wahre Erkenntnis ist, so ist die Freiheit, der er ununterbrochen nachweint, keine echte Freiheit, sondern eine gewisse dunkle Widerspiegelung davon, die sich nicht mit wissenschaftlicher Exaktheit erklären lässt, ein unerklärliches Verlangen im menschlichen Herzen ... Wir erkennen etwas von ihr, aber nur relativ, ‚mittels Vergleich'. Natürlich waren jene, die unter einer freien Regierung lebten, freier als jene unter einem totalitären Regime. Für einen Gefangenen beginnt die Freiheit jenseits der Gefängnismauern. Für einen, der in Freiheit lebt, beginnt sie mit der Überwindung der jeweils nächsten Form von Unfreiheit. ... Wie viele Schichten von Unfreiheit wir auch wegheben, jedes Mal, wenn wir eine entfernen, finden wir darunter unvermeidbar die nächste, die sich als noch undurchdringlicher erweist. ... Einer, der aus Gott geboren ist und ihn kennt, der sagt Dank, und dankend wird er frei. Nämlich abhängig zu sein von Gott, führt nicht in Sklaverei, sondern in die wahre Freiheit der Kinder Gottes."

(Vater Alexander Schmemann,

Die Eucharistie – Sakrament der Gottesreichs, Freiburg 2005).

Es geht also eigentlich um eine Grundwahrheit, die ich in einer sehr einfachen, ja fast schon salopp klingenden Weise vor einiger Zeit einmal in einem Bericht in der Frankfurter Allgemeinen Zeitung vorgefunden habe. Dort wurde erzählt von einer Umfrage zum Thema „Religion". Ein Psychologe bekannte sich als Gläubiger und bemerkte, für ihn gebe es zwei Grundtatsachen: „Es gibt Gott. Ich bin es nicht. Ihr seid es auch nicht." So einfach lässt es sich sagen: Gott ist der Erste, ich bin immer der Zweite. Diese Grunderkenntnis der Wahrheit schafft Freiheit. Sie ermöglicht die Freiheit, von Gott abhängig sein zu können, ohne sich als Sklave zu wissen.

III. Beten und Danken sind Formen des Lebens aus der Gemeinschaft mit Ihm

Wer mit dem Herrn umgeht, wer ihn in Wort und Eucharistie empfangen kann, hat immer wieder neu das Geschenk, das Papst Johannes Paul II. mit dem ungewöhnlichen Wort ausdrückt: „Durch das Sakrament der Eucharistie fand er (Jesus) Gelegenheit, ‚in' ihnen zu bleiben" (MnD 19). Aber daraus ergibt sich zwangsläufig die Bitte des Herrn, das doch zu behalten: „Bleibt in mir, dann bleibe ich in euch" (Joh 15, 4). Es geht um eine immer neue Vertrautheit mit ihm.

Mit ihm eins zu sein, das bedeutet aber auch, eins zu werden mit allen, mit denen er eins ist. Ein Freund hat mir einmal von einer Begegnung mit Luise Rinser erzählt, der die Frage gestellt wurde, was denn für sie der Himmel sei und das Ziel ihres Lebens. Schlicht sagte sie: „Unity, Einheit." Das wünsche sie sich, dass sie einmal ganz eins sei mit sich, mit den anderen Menschen, mit der Schöpfung. Dass nach aller inneren und äußeren Zerrissenheit, aller Uneinigkeit, allem Parteiengezänke einmal Einheit sei. Im Schreiben zur Jahrtausendwende betont Papst Johannes Paul II. ausdrücklich die Spiritualität der Gemeinschaft:

„Spiritualität der Gemeinschaft bedeutet vor allem, den Blick des Herzens auf das Geheimnis der Dreifaltigkeit zu lenken, das in uns wohnt und dessen Licht auch auf dem Angesicht der Brüder und Schwestern neben uns wahrgenommen werden muss. Spiritualität der Gemeinschaft bedeutet zudem die Fähigkeit, den Bruder und die Schwester im Glauben in der tiefen Einheit des mystischen Leibes zu erkennen; das heißt: Es geht um ‚einen, der zu mir gehört', damit ich seine Freuden und seine Leiden teilen, seine Wünsche erahnen und mich seiner Bedürfnisse annehmen und ihm schließlich echte, tiefe Freundschaft anbieten kann. Spiritualität der Gemeinschaft ist auch die Fähigkeit, vor allem das Positive im anderen zu sehen, um es als Gottesgeschenk anzunehmen und zu schätzen: nicht nur ein Geschenk für den anderen, der es direkt empfangen hat, sondern auch ein ‚Geschenk für mich'. Spiritualität der Gemeinschaft heißt schließlich, dem Bruder ‚Platz machen' können, indem ‚einer des anderen Last trägt' (Gal 6, 2) und den egoistischen Versuchungen widersteht, die uns dauernd bedrohen" (NMI 43).

Im Schreiben zum Eucharistischen Jahr wird das Sakrament ausdrücklich „Quelle und Epiphanie der Gemeinschaft" genannt.

Ist es nicht unsere tiefste Sehnsucht, mit Menschen eins zu sein? Ist das nicht auch unser immer wieder neues Bestreben, Gemeinden zu bilden, Beziehungen und Freundschaften zu pflegen? Aus der eucharistischen Mitte können wir Einheit und Gemeinschaft erlangen, weil es hier nicht um Verschmelzung geht, sondern – wie in der Trinität – um Einheit von selbstständigen Personen, die auch in der dichtesten Form von Vereinigung immer sie selbst bleiben. Deshalb liegt in der Eucharistie der Keim der Einheit der Menschheitsfamilie. Das ist eine eindeutige Provokation – für unser Zusammenleben in den Gemeinden, auch für die Zergliederungen, wie ich es nennen möchte, in den vielen Messen, die wir bisweilen in unseren Gemeinden feiern. Vor allem aber ist es eine Provokation unseres Glaubens: wirklich zu glauben, dass wir als Kirche der Keim der neuen Menschheitsfamilie sind, und dass das in der Eucharistie gefeiert, dargestellt, sichtbar wird. Bedenken Sie einfach nur einmal die Bemerkung: Der andere gehört zu mir, ja er ist ein Geschenk für mich! Hier möchte ich wieder einen Konzilstext anführen, nämlich aus der Kirchenkonstitution selbst. Er kommt mir vor wie ein Staunen der Kirche über sich selbst: „So ist denn dieses messianische Volk, obwohl es tatsächlich nicht alle Menschen umfasst und gar oft als kleine Herde erscheint, für das ganze Menschengeschlecht die unzerstörbare Keimzelle der Einheit, der Hoffnung und des Heils" (LG 9). Was bedeutet das für mich als Priester im Umgang mit meiner Gemeinde und in der Liebe zu den Menschen? Hierzu gehört ein eigener Aspekt:

IV. Priester leben aus der Eucharistie, weil sie einen Blick für die Ärmsten der Armen haben

Die Echtheit der Teilnahme an der Eucharistie erweist sich für den Papst daran, ob wir selbst eucharistische Menschen werden. Und das heißt konkret, ob wir sie als ein „Projekt der Solidarität für die gesamte Menschheit" (MnD 27) betrachten. Denn die Eucharistie ist „eine große Schule der Liebe" (ebd.). Hierbei erinnere ich mich immer wieder an Mutter Teresa, für die die innere Verbindung von Eucharistie und Dienst an den Ärmsten der Armen wesentlich gewesen ist.

Auch in der Begegnung mit der Gemeinschaft Sant' Egidio vor einigen Wochen ist mir ganz deutlich geworden: Einerseits betrachten sie die Eucharistie als den Primat ihres christlichen Lebens. Andererseits ermöglicht sie ihnen geradezu den Dienst an den Ärmsten der Armen. Für sie sind die Armen Freunde, nicht eine soziologische Kategorie oder ein Objekt einer Hilfsmaßnahme. Arme sind ein Geschenk – im selben Sinne, wie es der eben zitierte Text über die Spiritualität der Gemeinschaft meint. Altar im Kirchenraum und Altar der Straße, wie diese Gemeinschaft sagt, sind eine Einheit. Darin erweist sich am meisten, ob jemand ein eucharistischer Mensch ist, dass er Platz hat für die Armen, auch die geistig Armen. Es ist doch interessant: Eine Gemeinschaft, die weltweit bekannt wird wegen ihres sozialen Engagements, betont den Primat der Eucharistie! Wie wahr! Der Papst nennt die Eucharistie ausdrücklich „Prinzip und Plan der Mission" (MnD 24-28).

Die Jünger in Emmaus brechen nach der Begegnung mit dem eucharistischen Herrn auf, um ihn zu den anderen zu tragen. Dieser Aufbruch ist immer ein Aufbruch vor allem zu denjenigen hin, die Jesus als seine geringsten Schwestern und Brüder benannt hat. Eine Gemeinde, die den Blick für die Ärmsten der Armen verloren hat, hat eigentlich kein Recht, Eucharistie zu feiern. Ein Priester, der aus der Eucharistie lebt, den treibt die Sorge um die Armen um. Wer sind diese?

Ich möchte hier vor allem auf Menschen hinweisen, an die wir in diesem Zusammenhang nicht unmittelbar denken. Ich meine die Schwestern und Brüder, bei denen Jesus offenbar nicht gezündet hat, die alles haben, denen es blendend geht, die ich aber als arm bezeichnen darf, weil ihnen Jesus fehlt. Treibt es mich um, dass Menschen Jesus nicht erkennen, dass ihnen dieser Schatz verloren geht? Wende ich mich ihnen wenigstens betend zu? Halte ich die Armut aus, dass ich überhaupt nichts machen kann, aber dass ich sie eben deshalb auch nicht abschüttele, sondern dass sie auf mir lasten dürfen?

V. Priester leben aus der Eucharistie

Frag hundert Katholiken, was das Wichtigste ist in der Kirche. Sie werden antworten: die Messe.
Frag hundert Katholiken, was das Wichtigste ist in der Messe. Sie werden antworten: die Wandlung.
Sag hundert Katholiken, dass das Wichtigste in der Kirche die Wandlung ist. Sie werden empört sein: Nein, alles soll bleiben, wie es ist.

„Inkonsequent" hat Lothar Zenetti diesen bissigen Text überschrieben. Doch er zeigt mit seiner Spitze, worauf es ankommt, wenn man aus der Eucharistie lebt: auf die Wandlung des Lebens. Die Gaben werden gewandelt, damit wir uns mit ihnen verwandeln lassen. Deshalb kommunizieren wir sie, nehmen wir sie in uns auf, assimilieren sie uns an, werden sie unser Fleisch und Blut. Das aber, damit wir assimiliert werden an den, der in den Gaben gegenwärtig ist: Jesus Christus. Im Schauen auf sein Antlitz, im Essen seines Leibes und Blutes, in der Mitteilung seiner Liebe an uns werden wir verwandelt. Es ist ein existenzieller Prozess, ein Leben lang.

Unsere zölibatäre Lebensform verstehe ich im Zusammenhang mit Armut und Gehorsam als Antwort auf seine Liebe. Macht zu haben, über Besitz zu verfügen, um die Kostbarkeit seines Leibes und seiner Sexualität zu wissen, das ist kostbares Nardenöl. Aber weil der Herr mich ruft, im Zentrum des Glaubens seine verschwenderische Liebe zu künden und auszuteilen, kann ich mit dem heiligen Ignatius sagen: Übernimm meine ganze Freiheit, mein Gedächtnis, meinen Verstand, meinen ganzen Willen, alles was ich habe oder besitze. Du hast es mir geschenkt. Auf dich hin wende ich es zurück, damit du verfügst nach deinem Willen und mit deiner Gabe die meine verbindest und das Haus der Kirche vom Duft gegenseitiger Liebe erfüllt werden kann. Das ist doch möglich, wenn er sich mit Fleisch und Blut mir ganz schenkt! Für mich gehören Zölibat und Eucharistie nicht deshalb zusammen, weil es hier um kultische Reinheit geht, sondern um die Hingabe von Leib und Blut. Und der, der den Herrn repräsentieren und in seiner Person und Rolle handeln darf, sollte der etwas entbehren, weil er arm, gehorsam und jungfräulich lebt? Weil er auf diese Weise die Provokation und Einladung an die Freiheit in der Welt zur Darstellung bringt?

Priester leben aus der Eucharistie, weil sie unweigerlich gekettet und gefesselt sind an den, der vom Vater her die Einladung an den Menschen darstellt, seine verschwenderische Liebe anzunehmen, frei, bewusst und dankbar (vgl. PO 2). Wer weiß nicht, dass priesterlicher Dienst oft genug beschwerlich und mühselig, frustrierend und zur Resignation hinzeigend ist? Aber ist er nicht auch schön, weil er zur Darstellung bringen darf, was der Vater durch Jesus der Welt geschenkt hat?

Worin liegt für mich die Wandlung meines Lebens in dieser bestimmten Lebensphase, in der ich mich jetzt befinde? Will ich mich überhaupt in die Lebensgestalt Jesu verwandeln lassen? Kann ich vielleicht nicht noch einmal neu aufrufen, was ich als Sehnsucht in meinem Primizspruch verdichtet habe? Tut es nicht vielleicht auch einmal einfach gut, dankbar sich der Gnade zu vergewissern, so nahe am Herzen des Herrn zu sein? Oder ist es wirklich abstrus, heilig werden zu wollen?

Liebe Mitbrüder, ich selber staune immer wieder angesichts des Geheimnisses der Eucharistie, dem ich so nahe sein darf, und gleichzeitig kommt mir alles wie gebrochen vor, bruchstückhaft, fragmentarisch. So geht es mir auch heute Nachmittag. Aber ob das Ganze nicht bloß im Fragment zu sehen und zu empfangen ist?

Wirken in Beziehung

Priesterliche Identität
in freilassender Sendung

I. Einleitung

Die Theologischen Arbeitswochen, die sich mit der Thematik des priesterlichen Dienstamtes beschäftigen, dienen der Fortbildung des Klerus. Die einzelnen Impulse, die unter verschiedenen Aspekten die Thematik beleuchten, werden gestaltet von Dozenten, die selbst Priester sind. Deshalb ist ein Sachverhalt als bedeutsam hervorzuheben: Sprechen über das, was man selber ist, kann gar nicht erfolgen, ohne dass subjektive und persönliche Elemente in diese Rede einfließen. Ein pures objektives Darlegen der verschiedenen Aspekte des priesterlichen Dienstamtes ist unmöglich.

Wenn die vorliegenden Ausführungen mehr den spirituellen Anteil der Thematik herausarbeiten sollen, dann gilt diese Vorbemerkung in besonderem Maß, weil der Verfasser nicht ohne die Erfahrungen, die er vor allem als Spiritual gemacht hat, das Thema behandeln kann. Wir verstehen sogar diese biografischen Elemente als Quelle dieser Ausführungen, als ‚loci theologici'. Dennoch glauben wir, gute Gründe zu haben, diese Ausführungen mit biografischem Gepräge auch als Erfahrungen allgemeiner Art ansehen zu dürfen:

Zuerst denke ich an meine Tätigkeit im Priesterseminar, vor allem als Spiritual. Diese Aufgabe prägt mich auch weiterhin. In den zurückliegenden Jahren habe ich existenziell an vielen Biografien erfahren können, was das Konzil in seinem Priester-Dekret „Presbyterorum ordinis" sagt:

„In der Welt von heute, in der die Menschen so vielen Geschäften nachzukommen haben und von so vielfältigen Problemen bedrängt werden, die oft nach einer schnellen Lösung verlangen, geraten nicht wenige in Not, weil sie sich zersplittern (qui sese in diversa dispergant). Erst recht können sich Priester, die von den überaus zahlreichen Verpflichtungen ihres Amtes hin- und hergerissen werden, mit bangem Herzen fragen, wie sie mit ihrer äußeren Tätigkeit noch das innere Leben in Einklang zu bringen vermögen. Zur Erzielung solcher Lebenseinheit genügt weder eine rein äußere Ordnung der Amtsgeschäfte noch die bloße Pflege der Frömmigkeitsübungen, so sehr diese auch dazu beitragen mögen."[1]

Ohne den Hinweis auf das Beispiel Christi, in dem das Konzil eine Lösung für diesen Spannungsbogen sieht, unterschlagen zu wollen, kommt es mir zunächst einmal auf diese Beschreibung an, die die Kirchenversammlung vor über 30 Jahren vorgenommen hat. Wie sehr sind diese Worte heute wahr und sogar noch drängender geworden. Im Bemühen, eine solche Einheit zu finden, erweist sich weniger hilfreich, dass der Spiritual bzw. der Geistliche Begleiter zu den vielen Verpflichtungen, die dem einzelnen Priester aufgebürdet sind, noch eine weitere anfügt, oder anders gesagt: dass er mit dem Hinweis auf das Beten Druck macht. Jeder will ja beten, die Schwierigkeit liegt nur darin, dass bei der Fülle der Verpflichtungen diese am leichtesten und ehesten unter den Tisch fällt, und dass dies wiederum Druck, weil ein schlechtes Gewissen macht. Ich habe mich oft gefragt, was hier hilft: Einsehen tut es jeder, wollen tut es auch jeder. Liegt es also nicht an der mangelnden Einsicht, so könnte es vielleicht am schwachen Willen liegen. Aber ist es nicht zu leicht, wenn wir uns eines Tages damit abfinden, wohl zu jener Gruppe der Menschheit gehören zu sollen, deren Geist zwar willig, deren Fleisch aber schwach ist?

Wir können vieles in unseren Gedanken verändern. Wir können uns zu vielem entschließen. Das Entscheidende aber ist das, was sich in unserem Gemüt festgesetzt hat. Deshalb ist es wichtig, immer wieder neu die Vision zu bedenken, die jeder Einzelne bei seiner Weihe als Priester hatte, und die vielleicht für den Einzelnen am dichtesten in der Auswahl seines Primizspruches zum Ausdruck kommt. Weil diese Vision zu dem, was ich denke, in Gegensatz oder in Spannung gerät, gerate ich in viele Probleme; und dann reicht die Kraft des Willens oft genug nicht, mich zu ändern. Resignation, Verhärtung, auch Depression, Lethargie, fehlender Schwung und was noch mehr aufzuzählen wäre, sind sicherlich nicht nur Folge vieler Arbeit, sondern eher Folge jener Spannung, die zwischen meiner Vision und meiner Realität besteht. Ich frage mich auch, ob manche Kämpfe, die vor Ort in den Gemeinden ausgetragen werden, ihren wahren Grund nicht auch darin haben; zum Beispiel: Lebt im Herzen mancher Seelsorger vielleicht doch noch sehr stark die Vorstellung, dass alle in Reih und Glied „beigehen", wie manchmal gesagt wird, dass viel weniger akzeptiert werden kann, wie unterschiedlich Einzelne auf dem Weg ihres Glaubens sind, ja, dass es viel mehr Menschen gibt, die die Botschaft hören, denen aber der Glaube fehlt?

In der massiven Umbruchsituation unserer Tage sieht niemand im Augenblick klar, wohin es geht. Vielleicht darf die jetzige Priestergeneration noch in späteren Jahren ihres Dienstes erleben, welche Gestalt von Kirche sich herauskristallisiert. Manches werden diejenigen, die jetzt Verantwortung tragen, selbst ändern können; manches ist auch unbedingt zu ändern. Aber ob die Kraft des Verstandes und des Willens das Ausschlaggebende ist, bezweifle ich. Die Frage, wie die Einheit in dem vielen Diversen und Dispergierenden zu finden ist, bleibt eine Frage an die Vision von der Sendung als Priester. Kann es nicht sein, dass in dieser Vision des Anfangs immer noch die Wahrheit steckt? Oder kann es nicht sein, dass die Priester in der jetzigen Umbruchsituation nicht nur einfach überleben, sondern sogar in ihr gut leben können, wenn im Gemüt eine veränderte Vision an die Stelle tritt, die weder letztlich dem Verstand noch dem Willen entspringt, sondern eben die Kraft einer Vision hat?

Damit bin ich unmittelbar angelangt beim zweiten Punkt. Er hat mit einer Vision zu tun. Es ist die Erfahrung der Bistums- oder Christus-Wallfahrt vor drei Jahren, die wir als Heilig-Rock-Wallfahrt gestaltet hatten. Im Auftrag der Nachbereitung dieses Ereignisses sollte es nach dem Willen des Bischofs darum gehen, die Erfahrung, die die Trierische Kirche gemacht hat, zu deuten. Genauer genommen sollte dies für den Wallfahrtsleiter heißen: Welches Bild von Kirche hat sich bei dieser Wallfahrt gezeigt? Welches Bild des Amtes scheint dahinter auf?

Wenn ich die Wallfahrt 1996 erwähne, so geht es hier nicht um nostalgische Erinnerung, auch nicht um das Nachzeichnen der unterschiedlichen Aspekte von Vorbereitung und Durchführung. Es geht vielmehr genau um diese Frage, die freilich nicht Theorie ist, sondern die eine Erfahrung in der Wirklichkeit hat: Welches Bild von Kirche hat sich bei der Wallfahrt gezeigt? Was heißt das für das kirchliche Amt?

II. Das Kirchenbild der Wallfahrt

Im Rahmen dieser Ausführungen ist es nicht möglich, die unterschiedlichen und vielfältigen Aspekte dessen aufzuzeigen, was die Wallfahrt pastoral und spirituell an Bedenkenswertem dargeboten hat. Hier soll es lediglich um einen bestimmten, aber sehr wichtigen Aspekt gehen, nämlich um das Kirchenbild, das bei dieser Wallfahrt aufgeleuchtet ist. Ich bin überzeugt, dass Christus der Trierer Kirche in der Heilig-Rock-Wallfahrt 1996 als Ereignis und Erfahrung geschenkt hat, was das Zweite Vatikanische Konzil in der Kirchenkonstitution und in der Konstitution über die Kirche in der Welt von heute dargelegt hat. In „Gaudium et spes" steht der bemerkenswerte Satz:

„Tatsächlich klärt sich nur im Geheimnis des fleischgewordenen Wortes das Geheimnis des Menschen wahrhaft auf ... Christus ... macht eben in der Offenbarung des Geheimnisses des Vaters und seiner Liebe dem Menschen den Menschen selbst voll kund und erschließt ihm seine höchste Berufung ... Denn er, der Sohn Gottes, hat sich in seiner Menschwerdung gewissermaßen mit jedem Menschen vereinigt."[2]

Im Vorfeld der Wallfahrt gab es die Überlegung, als Leitwort den Satz zu wählen: „Denn du ziehst mich an." Es war sicherlich gut, eine solche direkte Rede nicht zu gebrauchen, aber ihr Inhalt wurde der innere Impuls und

Sinn dieser Wallfahrt: Christus zieht viele Menschen an, auch heute noch, weil sie intuitiv spüren, dass hier jemand ist, der ihr menschliches Geheimnis wahrhaft zu erhellen vermag. In diesen Zusammenhang stelle ich die bemerkenswerte Aussage einer Pilgerin: „Das Schönste für mich bei der Wallfahrt war: Die Menschen waren so, wie sie gern sein möchten."

Christus ist das Licht der Völker, sagt das Konzil. Es sagt nicht, die Kirche sei das Licht der Völker, auf ihr strahlt die Herrlichkeit Jesu Christi wider, so fährt das Konzil fort. Kirche ist somit Werkzeug und Zeichen der innersten Vereinigung Gottes mit der ganzen Menschheit: „Lumen gentium cum sit Christus ... cum autem ecclesia sit in Christo veluti sacramentum seu signum et instrumentum intimae cum Deo unionis totiusque generis humani unitatis."[3]

Kirche wird hier nicht als „societas perfecta" bezeichnet, sie wird als Werkzeug gesehen. In der Beschreibung der unterschiedlichen Bilder im sechsten Abschnitt des ersten Kapitels, in der Bezeichnung als Leib Christi und Volk Gottes ist dieser Werkzeug-Charakter immer mitgemeint. Kirche hat somit ihre Identität in ihrer Sendung. Diese Sendung aber bedeutet gleichzeitig: freilassen; denn sie kann niemanden zu dieser Botschaft zwingen. Weil Christus sich in seiner Menschwerdung mit jedem Menschen vereinigt hat, greift sein Wirken über den Raum der Kirchenstruktur hinaus. Sie bleibt Werkzeug, aber eben weil sie Werkzeug ist, hat sie keine Verfügungsgewalt darüber, auf welche Weise, zu welchem Lebenszeitpunkt, an welchem Ort und auf welchen Wegen Christus Menschen erreicht, selbst wenn sie sich rein äußerlich nicht der Kirche anschließen, für uns vielleicht zu den so genannten

Fernstehenden zählen. Nicht umsonst beten wir immer wieder in der heiligen Messe für diejenigen, „die noch fern sind von dir"[4], „für alle Menschen, die mit lauterem Herzen dich suchen" und für die Verstorbenen, „um deren Glauben niemand weiß als du".[5]

Hier ist auch ein Wort aus der Erklärung über die Religionsfreiheit anzufügen: „Die Wahrheit erhebt nicht anders Anspruch als kraft der Wahrheit selbst, die sanft und zugleich stark den Geist durchdringt."[6] Für das Bild von Kirche und für die pastorale Arbeit ist die Aussage von Papst Johannes Paul II. im Blick auf dieses Wort zu beachten, dass alle Christen „sich ganz fest an das vom Konzil geltend gemachte goldene Prinzip zu halten haben".[7]

III. Das priesterliche Amt

Hier schließt sich unmittelbar die Frage an, was diese Überlegungen für das priesterliche Amt bedeuten. Die Antwort ist einfach: Identität in der Sendung, die freilässt. Dazu soll ein Text aus dem Priesterdekret bedacht werden. In ihm wird das Priestertum in den Zusammenhang der Sendung der Kirche hineingestellt.

„Das Ziel also, auf das Dienst und Leben der Priester ausgerichtet sind, ist die Verherrlichung Gottes des Vaters in Christus. Diese Verherrlichung besteht darin, dass die Menschen die in Christus vollendete Tat Gottes bewusst, frei und dankbar annehmen und in ihrem ganzen Leben kundtun."[8]

Entscheidend ist es zu sehen, dass das Ziel der Sendung des priesterlichen Dienstes und Lebens im Zusammenhang des Dienstes der Kirche steht: Gott der Vater ist durch Christus verherrlicht. Christus hat das entscheidende Werk getan. Christus zu verkünden, ist die Aufgabe der Kirche. Er hat sich mit jedem Menschen vereinigt. Er ist das Licht der Völker, weil er der Abglanz der Herrlichkeit des Vaters ist (vgl. Hebr 1, 3).

Jesus spricht in Joh 4 im Zusammenhang mit der Bekehrung der einen Frau, der Samariterin, von der „Ernte Gottes". Wenn er auf den apostolischen Dienst hinweist, spricht er von „Arbeitern für die Ernte". Die Verherrlichung Gottes des Vaters ist in Christus geschehen. Menschen nehmen sie an – das ist die Ernte Gottes. Darauf hinzuweisen und dafür Sorge zu tragen, dass die Menschen diese „in Christus vollendete Tat Gottes" annehmen, ist das Ziel des priesterlichen Dienstes: Indem die Menschen diese Tat Gottes annehmen, geschieht die Verherrlichung des Vaters. Sie stehen also im Zusammenhang des Dienstes Christi, der nichts anderes wollte, als dass der Vater verherrlicht werde (vgl. z.B.: Joh 13, 3f; 17, 1 u.a.). Aber es kommt darauf an, dass die Menschen dies „bewusst, frei und dankbar" (conscie, libere, grate) tun. Mit anderen Worten: Ich habe meine Identität darin, dass ich auf diese Tat Gottes in Jesus Christus hinweise, dass ich von ihr künde, dass ich in der tiefen Überzeugung, dass darin die Wahrheit liegt, mich darum mühe, dass die Menschen es frei und bewusst und dankbar übernehmen. Aber ich bin herausgefordert, freizulassen; ich habe es nämlich nicht in meiner Hand, ob jemand das bewusst, frei und dankbar auch tut. Niemanden kann ich dazu zwingen. Wir können „die Leute nicht kriegen"! Im Bewusstsein, dass Christus das Entscheidende getan hat, in der Überzeugung, selbst davon betroffen zu sein, finde ich als Priester meine Identität. Dass andere es nicht annehmen, dass andere einen anderen Weg wählen, braucht mich nur insofern zu beunruhigen, als ich mich wirklich von der Liebe Christi drängen lasse, immer neu von ihm zu künden. Aber weil ich in der Liebe Christi stehe, achte und respektiere ich die Freiheit. Ich stehe sozusagen im Einsatz Gottes, der in seiner Liebe gewissermaßen unvorsichtig ist, weil er dem Menschen die Freiheit schenkt, aus der heraus er sich gegen Gott selbst entscheiden kann.

IV. Der Priester als Mitchrist

„Die in Christus vollendete Tat Gottes", von der im Anschluss an das Priesterdekret bereits die Rede war, betrifft nicht nur den Priester, sondern ist zunächst einmal der ganzen Kirche geschenkt. In ihr hat der Priester einen besonderen Dienst. Christus hat sein Werk der Kirche anvertraut, in Wort und Sakrament wird es für alle gegenwärtig. Auf die Gabe des Heils ist der Priester angewiesen wie alle anderen auch. Nicht er allein ist Geistlicher, sondern alle haben durch Taufe und Firmung die Gabe des Heiligen Geistes empfangen. Ohne das Mitsein mit den anderen, das Hören auf sie, das Zusammenwirken an dem einen Werk Gottes kann priesterliches Dienen und Leben nicht gelingen. Dies zu bedenken, ist in einer Zeit, in der von kooperativer Pastoral gesprochen wird, in der es hauptamtliche Laiendienste in der Kirche gibt, unabdingbar.

Augustinus wählt verschiedene Bilder, um die Wirklichkeit des kirchlichen Amtes zu umschreiben. So sieht er die Christen, ob Laien oder Amtsträger, in der einen Schule Christi. Sie sind alle Mitschüler (condiscipuli).

Christus ist der ‚Magister'. Dieser Titel gehört nicht dem Amtsträger. In der Reihe der Mitschüler ist er der „doctor".[9]

V. Der Priester als Träger des Amtes

Im Exerzitienbuch des heiligen Ignatius wird darauf hingewiesen, dass man das wahre Fühlen mit der Kirche nur erlangen kann, wenn man glaubt, „dass zwischen Christus, unserm Herrn, und der Kirche der gleiche Geist waltet, der uns zum Heil unserer Seelen leitet und lenkt".[10] Diese geistliche Haltung bedeutet, dass der Amtsträger auf die anderen Geistlichen, die Mitchristen, hört. Zugleich weist aber dieser Text uns noch auf eine andere Dimension hin: Der Geist leitet die ganze Kirche. Dieses Ganze ist mehr als die Summe der einzelnen Mitchristen der jeweiligen Zeit, in der ein Priester lebt. Dieses Ganze meint die Kirche in Raum und Zeit. Gerade auf dieses Ganze hinzuweisen, den Blick zu weiten über den eigenen Kirchturm der Pfarrei und des eigenen Lebens hinaus, heißt, seine theologische Kompetenz und seinen priesterlichen Dienst einzubringen. Der Geist leitet und lenkt eben nicht nur den Einzelnen („uns", wie Ignatius sagt), sondern die gesamte Kirche.

Hierin sehe ich keine Spannung zu der Tatsache, dass der Priester Mitschüler in der Schule Christi ist, aber als „doctor" hat er genau diese geistliche Führerschaft zu verwirklichen und auf die Objektivität des Ganzen, der Kirche als Weltkirche, als Bistumskirche hinzuweisen und ebenso auf das Credo, das uns in unserem Heute mit der Kirche der Jahrhunderte verbindet.

Dabei ist zu bedenken, dass der Priester zunächst einmal als Mitarbeiter des Bischofs seinen Dienst tut. Der Bischof selbst bittet bei der Priesterweihe Gott um „treffliche Helfer". Er gibt also seine Leitungsaufgaben an andere für die einzelnen Gemeinden, seien sie territorialer oder personaler Struktur, weiter. Deshalb fragt er auch bei der Weiheliturgie die Kandidaten: „Seid Ihr bereit, das Priesteramt als getreue Mitarbeiter des Bischofs auszuüben und so unter der Führung des Heiligen Geistes die Herde Christi gewissenhaft zu leiten?" Diese Frage ist in sich spannungsreich. Sie betont, dass die Priester Mitarbeiter des Bischofs sind; das heißt also: Er ist der Leiter der Gemeinden seiner Ortskirche. Die Priester nehmen aber an diesem Amt teil und können es zugleich nur tun, indem sie sich der Führung des Heiligen Geistes anvertrauen, wenn sie die Herde Christi leiten. Das bedeutet: Das Amt hat eine kommunikative Struktur. Es ist eingespannt in das Hören auf den Herrn in der Sprache des Heiligen Geistes, in das Hören auf den Bischof und im Zusammenhang der Gesamtkirche auf den Bischof von Rom, in das Hören auf die Mitarbeiterinnen und Mitarbeiter, in das Hören auf das Volk Gottes. Aber in diesem Hören und in diesem Ausgespanntsein hat der Priester seinen Dienst zu tun, das Wort Gottes zu verkünden und die Sakramente zu spenden, die in Christus vollendete Tat Gottes den Menschen darzustellen. Das ist seine Identität. Je mehr er sich dieser Identität bewusst ist, umso mehr kann er auch freilassen. Je mehr er sich seiner eigenen Identität klar ist, umso weniger Angst braucht er zu haben, mit anderen zusammenzuarbeiten, seine eigene Aufgabe zu vertreten und von den anderen zu lernen. Augustinus hat das berühmte Wort gesagt: „Wo mich erschreckt, was ich für Euch bin, dort tröstet mich, was ich mit Euch bin. Für Euch nämlich bin ich Bischof, mit Euch bin ich Christ. Jenes ist der Name der übernommenen Pflicht, dieses der der Gnade; jenes ist Gefahr, dieses Heil."[11] Priester zu sein ist also ein Wirken und Leben in Beziehung. Besser als die augustinischen Worte kann man dieses spannungsreiche Gefüge, dem der Priester mit seiner Persönlichkeit Gestalt geben soll, nicht zusammenfassen.

VI. Ein Bild: Freund des Bräutigams

An dieser Stelle möchte ich ein Bild einführen, das unsere Überlegungen zusammenfassen will. Es ist in der Tat neu, es ist ungewohnt, es kann überraschen. Aber gerade deshalb möchte ich es auswählen. Vielleicht hilft es uns, ausgetretene Pfade neu zu begehen, aus einer anderen, der bildlichen Perspektive die Wirklichkeit des Dienstes in den Blick zu nehmen. Es ist das Bild vom Priester als Freund des Bräutigams, der Priester als „amicus sponsi", wie Augustinus sagt.[12] Der Ursprung dieses Wortes findet sich im dritten Kapitel des Johannes-Evangeliums (Joh 3, 29):

„Wer die Braut hat, ist der Bräutigam; der Freund des Bräutigams aber, der dabeisteht und ihn hört, freut sich über die Stimme des Bräutigams. Diese Freude ist nun für mich Wirklichkeit geworden."

Im Kommen Christi macht der Täufer diese Erfahrung und fasst sie in diese Worte. Ist es für den Priester nicht eine dauernde Wirklichkeit? Im Unterschied zum Täufer braucht es das für ihn doch nicht zu werden, sondern es ist Wirklichkeit geworden. Ich wähle gern dieses Bild, weil es entlastend ist. Um sich dem Bild ein wenig zu nähern, möchte ich einen kleinen Umweg wählen, der hilft, die Spannung zu verstehen, in die ein solches Bild heute hineingestellt ist.

VII. Exkurs: Arbeit und Muße – Arbeit und Kult

Diese Spannung lässt sich am besten charakterisieren, wenn wir auf den konkreten Dienst des Priesters schauen. Er tut sehr viele kultische Dienste. Der Priester vollzieht die befreiende Kraft der Riten. Im priesterlichen Dienst wird viel gesungen – wo gibt es einen Beruf außer dem des Berufsmusikers, in dem so viel gesungen wird? Der Priester lobt und verleiht damit dem Ur-Ausdruck der Schöpfung Stimme. Insgesamt kann man sagen: All dieses Tun steht gegen Leistung, gegen „Machertum". Es hat etwas Spielerisches. Gleichzeitig erleben die Priester gerade in ihrem Dienst, was Arbeit bedeutet. Wie oft wird von Hetze und Stress gesprochen; sogar die Spendung der Sakramente kann mitunter als Stress empfunden werden. Wenn dann jemand, wie es ein Spiritual tun sollte, immer wieder darauf hinweist, das Gebet nicht zu vernachlässigen, kann leicht der Eindruck entstehen, Gebet sei auch noch Werk, das mir aufgebürdet wird, das zu all den anderen Verpflichtungen und Diensten auch noch einspannt und einfordert. Hier liegt eine große Spannung, die Spannung zwischen dem Nicht-zu-Leistenden und der Leistung, die Spannung zwischen der Feier und dem Werk. Sie prägt den Dienst und den Priester als Menschen sehr stark.

Nun ließen sich sehr viele Gründe anführen, warum die Priester sich so gehetzt und gestresst vorkommen. Dies auszuführen, ist hier nicht der Ort. Es ist mir aufgefallen,

dass der französische Dichter Baudelaire in seinen soge-
nannten „Intimen Gesprächen" einmal bemerkt: „Man
muss arbeiten, wenn schon nicht aus Geschmack daran,
so aus Verzweiflung. Denn, alles auf eine letzte Wahrheit
gebracht: Die Arbeit ist weniger langweilig als das Ver-
gnügen."[13] Dieses Zitat findet sich in dem Buch von Josef
Pieper „Muße und Kult". Es wurde 1947 geschrieben und
hat nichts von seiner Aktualität verloren. Einiges möchte
ich daraus zitieren, weil es mir für unseren Zusammenhang wichtig erscheint:

„Wird es möglich sein, gegen das Eindringen der totalen
Arbeitswelt einen Raum der Muße zu behaupten oder gar
zurückzuerobern, der ja nicht nur ein Bezirk sonntäglichen
Behagens ist, sondern der wahrhafte Hegungsraum unge-
schmälerten Menschentums, der Freiheit, der echten Bildung, der Besinnung auf die Welt als Ganzes? Wird es, mit
anderem Wort also, möglich sein, den Menschen davor zu
bewahren, ganz und gar Funktionär, ‚Arbeiter' zu werden?
Wird dies gelingen können, und unter welcher Vorausset-
zung?"[14]

Pieper versucht in diesem Abschnitt zunächst eine Defi-
nition des Proletariers. Unter anderem beschreibt er ihn
so: „Proletarier ist, wessen Lebensraum durch den Ar-
beitsprozess deswegen voll ausgefüllt wird, weil dieser
Lebensraum von innen her eingeschrumpft ist, weil ein
sinnvolles Tun, das nicht Arbeit ist, gar nicht mehr realisiert, ja vielleicht nicht einmal mehr vorgestellt werden
kann."[15] Von dieser Beschreibung her fragt Pieper, „ob
nicht die so verstandene Proletarität ein alle Schichten
der Gesellschaft kennzeichnendes Symptom sei".[16]

Entproletarisierung kann für Pieper deshalb nur bedeuten, „dass dem arbeitenden Menschen ein Bereich sinnvollen Wirkens zugänglich gemacht werde, der nicht ‚Arbeit' ist – mit anderem Wort, darin, dass ihm der Bezirk wahrer Muße erschlossen werde"[17].

Nun aber entsteht die Frage, was denn Muße ist, oder wie man Muße „wirken" kann. Pieper zitiert hier einen Satz: „Das ist die Hauptfrage, mit welchem Tun man die Muße auszufüllen hat"[18], und er bemerkt, dass dieses Zitat ausgerechnet aus der „Politeia" des Aristoteles stammt. Als Kern der Muße bezeichnet Pieper das Feiern: „Wenn aber Feiern der Kern von Muße ist, dann empfängt die Muße ihre innere Ermöglichung und Legitimierung von eben dort her, von woher das Fest und die Feier ihren Sinn und ihre innere Ermöglichung empfangen. Dies aber ist der Kult!"[19]

An dieser Stelle möchte ich noch einmal auf den bereits zitierten Abschnitt aus dem Priesterdekret des Konzils zurückkommen. Das Wort von der Verherrlichung Gottes des Vaters in Christus und der Annahme der in Christus vollendeten Tat Gottes durch die Menschen stellt das Konzil in den Zusammenhang mit dem Opfer Christi. Im zehnten Buch über den Gottesstaat behandelt Augustinus die Frage des Opfers, und zwar unter der generellen Überschrift: „Jeder halbwegs Vernünftige ist davon überzeugt, dass alle Menschen selig (beati) sein wollen."[20] Das Opfer nun ist nach Augustinus „jedes Werk, das getan wird, damit wir in heiliger Gemeinschaft Gott anhangen, das also auf jenen Endzweck des Guten bezogen ist, wodurch wir wahrhaft selig sein können."[21] Dieses Opfer aber ist die Liebe. Seligkeit und Glück kann es nur geben, wenn der Mensch in das Miteinander mit dem anderen eintritt, und dieses Miteinander wird nur gefunden in der Hinwendung auf das Göttliche. Deshalb ist das Ziel der Geschichte die Gottesstadt, wo Gott alles in allem ist (vgl. 1 Kor 15, 28), der Ort, an dem die Menschen in der Liebe glücklich sind. Das aber ist bereits im Opfer Christi, das wir im sakramentalen Kult feiern, gegeben. Die Arbeit ist getan, wir dürfen feiern; weshalb kirchliche Liturgie jeden Werktag als „feria" bezeichnet.

VIII. Der Freund des Bräutigams

Greifen wir noch einmal zurück auf das Wort vom Freund des Bräutigams. Der Bräutigam, der die Braut hat, ist Christus. Die Braut ist die Kirche. Er hat sie sich durch sein Kreuzesopfer erworben. Die Menschheit will er sich wie eine Braut antrauen, da er sich bereits durch die Inkarnation mit jedem Menschen vereinigt hat. In denen, die ihm jetzt schon wirklich anhangen, ist die Braut da. Ihm, dem Bräutigam, gefällt die Braut. Übrigens: Auch dieses Wort ist ganz und gar provokant. Oft genug verstehen wir die Kirche nicht als Braut, können sie auch als solche nicht sehen. Hier sei an zwei Dinge erinnert: Die Braut ist nicht meine Braut, sie ist die Braut Christi. Er liebt sie, und wenn jemand ihr den Scheidebrief ausstellen könnte, dann er.

Oft genug ist die Braut, um ein Bild der Väterzeit zu gebrauchen, auch die „keusche Hure", die „casta meretrix". Vielleicht können wir unter diesem Bild besser mit der Braut umgehen.[22] Mit Christus in einer persönlichen Beziehung stehend, darf der Priester der Freund des Bräutigams sein. In dieser persönlichen Beziehung für die Beziehung unter den Menschen zu wirken, damit die ganze

Menschheit an ihr Ziel komme, in der Liebe glücklich zu sein, das hat etwas Entlastendes und Festliches. Christus hat das Werk getan. Im Sakrament und in der Verkündigung seiner Botschaft darf der Priester dieses Werk weitertragen. Übrigens spricht Christus selbst vom Reich Gottes im Bild der Hochzeit; und dieses Bild gilt nicht nur für die Ewigkeit nach dieser Zeit, sondern Ewigkeit ist jetzt schon. Der Freund des Bräutigams steht daneben, und er freut sich, weil der Bräutigam die Braut hat. Ist diese Freude nicht für den Priester immer wieder Wirklichkeit? Ist es nicht ein entlastenderes Bild als das Bild vom Priester als dem pater familias?

Ich füge hier eine persönliche Bemerkung bei: In der Wallfahrtszeit habe ich so viele Menschen gesehen, die sich auf die Vitrine mit dem Heiligen Rock zubewegten und dabei sehr ergriffen waren. Für mich war es die Erfahrung: Ich durfte daneben stehen und sehen, dass die Braut sich um ihren Bräutigam schart, dass die Menschen zum Herrn kommen, dass sie in ihm den finden, der sie liebt, und dass sie mit ihrem Herzen ihn lieben können. Die Wallfahrt war in der Tat festlich – gegen jede Leistung. Könnte nicht diese Vision, Freund des Bräutigams zu sein, eine festliche sein, die freilässt und entlastet, die der Braut einiges zutraut, weil sie einen guten Bräutigam hat? Könnte nicht diese festliche Dimension die Priester mehr ermutigen zu einem geistlich-kulturellen Leben?

„Was also nun zu tun sei – so wird einer vielleicht fragen", und dies war bereits ein Zitat von Pieper, das ich nun fortsetze:

„Nun, diese Betrachtung hat es sich zur Aufgabe gesetzt, nicht Anweisungen und Richtlinien des Tuns zu geben, sondern nachdenklich zu machen. Es war darum zu tun, ein wenig Licht zu bringen in eine Sache, die uns sehr wichtig und auch dringlich zu sein scheint, die aber vielleicht zu sehr hinter den Aufgaben des Tages zu verschwinden droht. Es ist also nicht etwas unmittelbar Praktisches, worauf es in dieser Abhandlung vor allem abgesehen ist. Immerhin mag zum Schluss eine Hoffnung ausgesprochen sein – es ist nämlich so, dass in diesem Felde das Entscheidende nicht durch Aktionen zu verwirklichen, sondern als Fügung zu erhoffen ist ... So richtet sich unsere Hoffnung zunächst auf dies: ... Der Sinn freilich für das Schon-Gesetzte und -Gefügte kann bei den Menschen an Kraft und Lebendigkeit verlieren, aber auch gewinnen. Und einzig dies – allein dies ist es, worauf unsere Hoffnung sich richtet."[23]

IX. Schlussbemerkung

Im Osten der Stadt Trier führt ein Kreuzweg zum Petrisberg hinauf. Es ist eine schlichte, volkstümliche Darstellung des Leidensweges Jesu. Die zwölfte Station stellt den Gekreuzigten dar, der sich zu seiner Rechten mit dem Gesicht Maria zuneigt. Sie blickt er an. Unter dem linken Kreuzesarm steht Johannes mit dem Kelch in der Hand, den er birgt, fast verhüllt. Unter der Station entspringt ein kleines Rinnsal, das sich mit einem großen Bach vereinigt. Gegenüber der Station befindet sich eine Stele, die an den gewaltsamen Tod einer japanischen Studentin im Jahre 1983 erinnert. Die Komposition und Konstellation kann zusammenfassen, was ich mit meinen Bemerkungen sagen wollte: Christus schenkt sich bis in seine Todesstunde hinein der Kirche, ihr als seiner Braut, verkörpert in Maria, wendet er sich zu. Der Priester, dargestellt in Johannes, steht als Freund des Bräutigams daneben, soll seine Gabe bergen und behüten, um sie weiterzugeben an die Menschen. Aber das Entscheidende, auch wenn es nur ein kleines Rinnsal ist, geht über seine Aufgabe hinaus, und es vermag auch solche zu erfassen, die nicht vom Amt, ja nicht einmal von den Sakramenten berührt werden. Er ist eben der Erlöser für alle, der sich seine Braut, die Kirche, angetraut hat, um sich mit der ganzen Menschheit vereinigen zu können. Diese Perspektive entlastet und befreit, sie ordnet ein, sie ist zugleich intim und öffentlich.

Erstmals veröffentlicht in: Bertram Stubenrauch (Hrsg.), Christsein als Priester, Trier 1999, S. 137-152

1 PO 14.

2 GS 22.

3 LG 1.

4 3. Hochgebet der Eucharistiefeier.

5 4. Hochgebet der Eucharistiefeier.

6 DH 1.

7 TMA 35.

8 PO 2.

9 Als Beispiel mag folgende Stelle dienen: In Ps. 126, 3: CChrL 40, 1859, 47-49. „Tamquam vobis ex hoc loco doctores sumus; sed sub illo uno Magistro in hac schola vobiscum condiscipuli sumus." Vgl. für den ganzen Zusammenhang F. Genn, Trinität und Amt nach Augustinus, Einsiedeln 1986, 145-152.

10 Vgl. MHSJ.MIEx. 365 365.

11 Serm. 340,1: CChrL 104,919.

12 Vgl. z.B. Serm. 46,30: CChrL 41,556, 759-760. Vgl. Genn, Trinität, 139-140.

13 J. Pieper, Muße und Kult, München [9]1995, 93.

14 Ebd.61.

15 Ebd.69.

16 Ebd.69.

17 Ebd.76.

18 Ebd.76.

19 Ebd.77.

20 Civ. X,1: CSEL 40,1, 444,8-9.

21 Civ. X,6: CSEL 40,1, 454.

22 Vgl. die eingehende Studie von Hans Urs von Balthasar, Casta Meretrix: Sponsa Verbi. Skizzen zur Theologie II, Einsiedeln ³1971, 203-305.

23 Pieper, Muße und Kult, 87-89.

Unsere priesterliche Berufung – Kraftquelle, Lern- und Entwicklungsprozess

Vortrag zum Oasentag des Bistums Würzburg

Montag in der Karwoche, 2. April 2007

Lieber Bischof Friedhelm, lieber Bischof Paul-Werner, lieber Bischof Helmut,
ganz herzlich danke ich für die Einladung, an diesem Oasentag zu Ihnen zu sprechen zu einem Thema, das mich selber bewegt und das mir ein großes Anliegen ist. Ich sehe es auch als ein Zeichen unserer bischöflichen Kollegialität, auf eine Einladung eines Mitbruders einzugehen und seine bischöfliche Sorge und Arbeit mit einigen Gedanken und Anregungen, zumal an einem solchen Tag wie dem heutigen, zu stützen.

Verehrte, liebe Mitbrüder, unter dem Thema „Mensch – Christ – Mut zu mehr" hat das Bistum Würzburg eine Internetseite eingerichtet, die Zeugnis gibt von einer Berufungsinitiative, die am Sonntag, dem 3. Dezember 2006, im Kiliansdom unter diesem Titel eröffnet wurde. Damit gliedert sich die Kirche von Würzburg in die Reihe der deutschen Diözesen ein, die in den zurückliegenden Jahren ein so genanntes Jahr der Berufung veranstaltet haben. Dahinter steckt zweifellos die bedrängende Sorge der Bischöfe um den massiven Rückgang der Priesterberufungen. Weniger steckt dahinter die Sorge, dass auch in den Orden und Gemeinschaften des apostolischen Lebens wie in den Säkularinstituten, kurzum in den Gemeinschaften des geweihten Lebens, nicht gerade ein gewaltiger Aufbruch zu mehr Berufungen zu verzeichnen ist. Im Blick auf die weiblichen Ordensgemeinschaften ist man mitunter sogar versucht, von einem Sterben dieser Berufung zu sprechen.

Diese massive Notlage fordert heraus. Sie lässt Fragen stellen. Oberflächlich wird gern gesagt: Wenn der Zölibat nicht mehr bestünde, hätten wir auch genug Berufungen zum priesterlichen Dienstamt. Die Gemeinden wären versorgt, die derzeitig aktiven Priester entlastet. Ist es bloßer Starrsinn, dass die Kirche sich in dieser Frage, obwohl seit sicherlich 40 Jahren daran gerüttelt wird, nicht zu bewegen scheint? Aber auch hier gilt noch einmal meine vielleicht böswillige Vermutung: Die Sorge um die Berufungen in den Gemeinschaften des geweihten Lebens, wie der Codex die Vielfalt dessen zusammenfasst, was in Orden, Gesellschaften des apostolischen Lebens und Säkularinstituten gelebt wird, scheint trotz allem nicht so drängend zu sein.

In diesem Zusammenhang möchte ich eine kleine Begebenheit erzählen. Als ich zum ersten Mal im Bistum Essen den Oberen der Männerorden begegnete, bekundete ich ihnen gegenüber mein Wohlwollen auch durch meine Sorge, dass die Berufungen in diese christliche Lebensgestalt ausbleiben. Ich sähe, so sagte ich damals, und so bin ich bis heute überzeugt, darin ein Zeichen, dass die innere radikale Lebenskraft des Evangeliums kaum noch wahrgenommen werde. Gerade in der Form, wie sie die evangelischen Räte darstellen, komme diese Radikalität in besonderer Weise zum Ausdruck und Durchbruch. Daraufhin erwiderte mir einer der anwesenden Ordensmänner: „Herr Bischof, sie haben Recht. Kürzlich besuchte ich eine Gemeinde, in der einer meiner Mitbrüder Pfarrer ist. In der Begegnung mit dem Pfarrgemeinderat sagte ich, es wäre ja schön, wenn aus ihrer Gemeinde auch einmal ein Ordensmann hervorginge, der unserer Gemeinschaft angehört." Da erwiderte ein Mitglied dieses Rates: „Herr Pater, schaffen Sie den Zölibat ab, dann haben Sie sofort jemanden." Der Pater konnte nur erwidern: „Der Zölibat ist bei uns Ordensleuten nicht das Problem, sondern das Versprechen der ehelosen Lebensform gehört mit den anderen Räten zum Spezifischen unserer christlichen Lebensgestalt."

I. Berufung im weiten Sinn

Damit sind wir, verehrte, liebe Mitbrüder, mitten in unserem Problemfeld, nämlich bei der Frage: Was ist unter Berufung genauer zu verstehen? Halten wir aber noch einen Augenblick inne und sondieren wir das Feld, auf dem in dieser Hinsicht zurzeit gearbeitet wird. Ich sprach von den verschiedenen Initiativen der Berufungspastoral in den deutschen Diözesen. Sehr gern, und auch in Würzburg ist dies der Fall, wird dabei der Begriff der Berufung ausgedehnt auf die Würde, Mensch zu sein, auf die Gnade, Christ zu sein, und im Besonderen auf das Herausgerufen-Werden, Zeuge des Evangeliums zu sein. So gliedert sich oft ein Jahr der Berufung in die drei Schritte: „Berufen zum Menschsein – Berufen zum Christsein – Berufen zum Jüngersein bzw. Zeuge zu sein". Das Verbindende der einzelnen Elemente ist der Begriff der Berufung bzw. des Rufes. Die Kostbarkeit menschlicher und christlicher Existenz wird gerade durch diesen Begriff in ganz eigener Weise konnotiert. Grundlegend ist dabei eine Entscheidung und Option, die in sich bereits etwas unterscheidend Christliches signalisiert und sich abhebt von allen anderen Versuchen, Lebensentwürfe und Lebensmodelle darzustellen. Es ist die Entscheidung des Glaubens. Der Mensch versteht sich nicht als einer, der ins Dasein geworfen ist, oder der vor der Aufgabe steht, sein Leben selbst zu entwerfen, sondern Menschsein wird als eine Berufung gefasst. Berufung meint aber immer auch – und kann nur so verstanden werden –, dass hier jemand ruft und ein anderer antwortet. Davon zu sprechen, dass Menschsein eine Berufung ist, dass wir berufen sind, Menschen zu sein, kann nur auf der Grundoption des Glaubens bestehen. Das verleiht unserem menschlichen Dasein eine hohe Würde. Nur vom Glauben her kann der Mensch sich als ein ins Dasein Gerufener verstehen, als einer, der im Gegenüber zu Gott steht, der ihn ruft, und als einer, der sich in Dankbarkeit seines Berufenseins bewusst ist und mit seinem Leben eine Antwort auf diesen Ruf geben möchte.

Dieses vom Glauben her bestimmte Verständnis von Berufung zum Menschsein hat eine trinitarische Perspektive: Der Vater ist es, der ins Leben ruft. Berufung ist demnach eine Wirklichkeit, die das Geheimnis des Menschen von seinem Urgrund her erleuchtet und an das Geheimnis Gottes rührt. Die Perspektive der Berufung zum Menschsein hat ihre Grundlage in der alttestamentlichen Bundestheologie, der zufolge sich der gläubige Israelit immer wieder neu der besonderen Erwählung inne wurde, die er als Angehöriger dieses Volkes erfahren hat. Der Schöpfungsbericht ist das Bekenntnis, dass der Gott, mit dem Israel sich im Bund weiß, nicht ein „Spezialgott" für ein bestimmtes Volk ist, sondern der Schöpfer des Kosmos' und des Menschen. Aus der Erfahrung der Erwählung Israels als Gottes besonderes Eigentum kann Israel das Bekenntnis zu Gott als Schöpfer nur in der Perspektive der Bundestheologie formulieren. Damit eröffnet es einen Raum für eine Sichtweise vom Menschen, die ihn als Partner Gottes in eine besondere Gnade und Verantwortung ruft.

In herausragender Weise wird dies im Bekenntnis zu Christus deutlich. In ihm wird nämlich der Glaube Israels an seinen Schöpfer und Erlöser über den Glauben Jesu selbst offenkundig, über sein Handeln und sein Verkündigen und erst recht über sein Leiden und Sterben zum Glauben an einen Gott, der sich ganz für sein Geschöpf einsetzt. Im Kreuzestod Jesu eröffnet Gott eine neue Weise der Beziehung zu sich selbst; in ihm ruft er den Menschen heraus „mit einem heiligen Ruf", wie der zweite Brief an Timotheus (1, 9) ausdrücklich sagt. Gott ruft den Menschen in die Gemeinschaft mit sich und damit in den Raum der Erlösung von Sünde und Tod. Das kann der einzelne Mensch dadurch erfahren, dass er sich Jesus Christus anschließt. In Taufe und Firmung wird die Gabe des Geistes zuteil. Der Vater, der ins Leben ruft, offenbart sich im Sohn, der in seine Jüngerschaft hineinruft, der den Menschen durch die Befreiung von der Sünde als der Macht des Todes und durch den Tod als die Folge der Sünde zu Söhnen und Töchtern Gottes macht. Das meint mehr als das Berufensein zum Menschsein; es ist die Berufung ins Christsein. Damit ist es zugleich gegeben, berufen zu sein, von dieser Christusgemeinschaft Zeugnis abzulegen. Berufen zu sein, als Christ die Gnade der Erlösung anzunehmen, birgt in sich selbst bereits den Ruf, davon Zeugnis zu geben und als Jünger Jesu zu leben. Jünger zu sein bedeutet, Christ zu sein und Missionar. Beides gehört innerlich zusammen.

Die Berufungsinitiativen der einzelnen Bistümer legen genau darauf Wert: die Gnade des Christseins als ein Herausgerufensein zu betrachten und kirchliche Existenz nicht als ein Versorgtwerden für das Leben und das Sterben anzusehen. Es geht also um mehr als bloß darum, das menschliche Leben, wie ich es nun einmal erfahre und in dem ich mich vorfinde, einigermaßen gut zu gestalten und über die Bühne zu bringen. Es geht darum, die ganze Fülle auszuschöpfen, die mein Menschsein enthält, erfahre ich mich doch von einer tiefen Sehnsucht und Unruhe geprägt. Von ihr ist mein Herz ganz erfüllt und kommt deshalb kaum zur Ruhe, es sei denn in Gott selbst, wie Augustinus klassisch formuliert hat. Es geht darum, den Mehrwert zu entdecken, der im Glauben an den Schöpfer und den Erlöser steckt. Das erfordert in der Tat Mut, nämlich aus dem Gängigen und Üblichen auszusteigen und auszugreifen in Dimensionen, die meinem Menschsein eine Fülle geben, die sogar der Macht des Todes standhält.

Liebe Mitbrüder, ich habe versucht, mit dieser kurzen Tour d'horizon einen sehr weiten Begriff von Berufung abzuschreiten, der hinter all den Initiativen steht, die in den letzten Jahren gestartet wurden, um unsere Gläubigen für das Thema Berufung zu sensibilisieren. Vielleicht setzten wir dabei auf Langzeitwirkung und hoffen, dass über diese Sensibilisierung hinaus die Aufmerksamkeit für das wächst, was wir mit der Berufung in den priesterlichen Dienst und in das Ordensleben durch die Jahrhunderte hindurch in unserer Kirche als kostbaren Schatz, ja, auch als Entwurf unserer eigenen Biografie haben Gestalt werden lassen.

II. Vertiefung in die trinitarische Dimension

Bevor ich jedoch darauf noch einen eigenen Blick mit Ihnen werfe, möchte ich diese Berufung ins Menschsein, ins Christsein und ins Jünger- bzw. Zeugesein noch etwas vertiefen. Dieses Geschehen nämlich, von jemandem gerufen zu sein und darauf zu antworten, hat einen tiefen Grund und ein hohes Ziel. Der Grund liegt in Gott selbst, aber nicht in einem Abstraktum, sondern in dem Gott, der Liebe ist, und der ruft und Antwort erwartet, weil er liebt.

Grundlegend ist für mich dabei die Betrachtung zur so genannten zweiten Woche im Exerzitienbuch des heiligen Ignatius von Loyola. Diese zweite Woche trägt den Titel „Der Ruf". Unter anderem wird dem Exerzitanden folgende Übung vorgelegt: Er möge sich ein Bild davon machen, wie es auf der Erde aussieht, was es an Elend, Unglück, Krieg, Boshaftigkeit, Lebenszerstörendem gibt. Zugleich möge er betrachten, wie die drei göttlichen Personen auf diese so geartete Erde schauen, wie ihnen dieser Zustand ins Herz sticht. Es gilt zu betrachten, wie diese Situation Gott selber anruft, wie diese Situation Gott herausruft und herausfordert, unbedingt etwas zu tun. Menschlich gesprochen: Genau so wie jeder von uns durch eine besonders schwierige Situation gefordert ist und manchmal spontan ausruft: „Da muss man doch etwas tun!", so geht es hier in dieser Betrachtung Gott selbst. Für Ignatius liegt die tiefe Begründung zur Menschwerdung und Erlösung genau darin: Gott lässt sich berühren. Gott lässt sich herausrufen durch die Situation des Menschen. Er möchte darauf antworten, indem der Sohn sich senden, sich vom Geist der Liebe treiben lässt und in den Willen des Vaters gehorsam einwilligt,

Mensch zu werden und sich zur Welt, bis zu den äußersten Enden des Elends, bis zum Kreuz und zur Gottverlassenheit senden zu lassen. Das ist der tiefste Grund, auf dem unser Christsein, unsere Berufung, Christ zu sein und damit Zeuge und Jünger zu werden, ruht. Schon die Schrift fasst unsere Berufung ins Menschsein in einen göttlichen Dialog, wenn in Gen 1, 26 der Grund zur Schöpfung des Menschen in die Worte gefasst wird: „Lasst uns Menschen machen als unser Abbild." In Gottes Willen, in der Tiefe seiner Liebe, im freien Entschluss seines Wesens liegt der Grund, dass wir ins Dasein gerufen sind. Darin liegt ein Ziel, nämlich als Mensch sein Abbild zu sein. Christologisch kann man das so formulieren: als Mensch ins Dasein gerufen zu sein, um das Ebenbild Gottes, das Christus selbst ist (Kol 1, 15), darzustellen. Christus ist die Ikone, das Ebenbild des unsichtbaren Gottes.

Ziel des Ganzen kann deshalb nur die Liebe sein. Der Grund, wozu wir ins Dasein gerufen sind, und erst recht, weshalb wir Christen und Jünger sind, ist die Liebe Gottes, die uns das Ziel steckt, zu lieben. So können wir ihn am besten preisen und verherrlichen. Denn wir lieben gewissermaßen den zurück, der uns zuerst geliebt hat. Von dem existenzialistischen Philosophen Albert Camus stammt das Wort: „Es herrscht das Absurde, und die Liebe errettet davor." Welch ein Satz eines Mannes, von dem man das am wenigsten vermutet hätte! Für mich ist es ein Beleg, dass die anima eine naturaliter christiana ist. Von einem unbekannten Priester habe ich den wunderbaren Text gefunden, in dem er sicherlich eine ganz eigene persönliche Erfahrung zusammenfasst:

„Alles Alltägliche
ist wie Wolken
die vor dir vorüberziehen
Du aber bleibst
Unverrückbar
und brennst dich
immer tiefer
in meine Seele ein."[1]

III. Berufung zur Heiligkeit

Können wir, liebe Mitbrüder, dadurch vielleicht etwas
eher verstehen, was konziliare und kirchliche Texte, ange-
fangen bei der Schrift, etwas steil mit der Bestimmung
unseres Menschseins, heilig zu werden, formulieren?
Kürzlich noch hieß es in einer der Lesungen aus dem
Hebräerbrief: „Strebt voll Eifer nach Frieden mit allen
und nach der Heiligung, ohne die keiner den Herrn sehen wird" (Hebr 12, 14). Der erste Johannesbrief spricht
von der überwältigenden Liebe Gottes, dass wir Kinder
Gottes genannt werden und es auch sind. Was aber einmal offenbar werden wird, wird die Ähnlichkeit mit ihm
sein. Wir werden Gott selbst schauen, wie er ist. „Jeder,
der dies von ihm erhofft, heiligt sich, so wie er heilig ist"
(vgl. 1 Joh 3, 1-3; Zitat: Vers 3). Vielleicht mögen wir davor
etwas erschrecken und eher sagen, wir sollten für die Bestimmung unseres Menschseins den Ball etwas flacher
halten. Aber genau das wird als unsere Bestimmung bezeichnet!

Damit, liebe Mitbrüder, haben wir die Dimensionen christlicher Berufung abgeschritten. Und doch – wir sind hier bei Priestern und Diakonen. Wir haben ein Moment – oder was ist es? – des Berufungsbegriffes überhaupt noch nicht bedacht. Es ist genau jenes Moment, das jeden Einzelnen von uns persönlich betrifft. Sie wissen sich doch zum Priestertum und Diakonenamt berufen. Sie wissen sich doch zum Ordensstand berufen. Ist das nur ein Spezifikum der allgemeinen christlichen Berufung zur Heiligkeit?

IV. Berufung im engeren Sinn

Das Konzil hat in der Tat die Berufung **aller** zur Heiligkeit betont. Ich erwähnte eben im Zusammenhang des Zitates von Papst Johannes Paul II. seinen Rückgriff auf das fünfte Kapitel der Kirchenkonstitution: „De universali vocatione ad sanctitatem in Ecclesia" – so lautet die Überschrift. Was wollen wir noch mehr? Was ist das? Das ist das Mehr, von dem der Titel der Berufungsinitiative im Bistum Würzburg spricht. Es geht um die Berufung, es geht um die allgemeine und universale Berufung zur Heiligkeit in der Kirche. Macht das die Rede von der Berufung zum Priester- und Ordensstand völlig überflüssig? Und was ist die Berufung in den Priester- und Ordensstand anderes als die Berufung zur Heiligkeit und zur Liebe?

Wir wissen, dass wir uns an dieser Frage in den letzten Jahrzehnten sehr abgearbeitet haben, vielleicht bisweilen auch einen Schlingerkurs gefahren sind. Allein das Wort „spezifische" oder „besondere Berufung" hat entsprechende Gefühle hervorgerufen. Wir sprachen sogar von einer Berufung zum Stand der Ehe, obwohl die kirchliche Tradition einen solchen Begriff überhaupt nicht kennt. Bei der Beauftragung von Laiendiensten in der Kirche sind wir oft genug geneigt gewesen, davon zu sprechen, jeder habe seine Berufung und diese Frauen und Männer hätten diesen Dienst als ihre Berufung übernommen. Bisweilen hat das die Berufungsperspektive nivelliert, die in eigener Weise den priesterlichen Dienst und das Leben in den evangelischen Räten in den Blick nimmt.

Vom Konzil her war das nicht gewollt. Das zeigt schon die Systematik, in der das fünfte Kapitel zu sehen ist. Nach der grundlegenden Ausführung von der Kirche als einem tiefen Geheimnis, gegründet im dreifaltigen Gott, wie es das erste Kapitel der Kirchenkonstitution zeichnet, wird die Kirche unter dem Bild des Volkes Gottes dargelegt, nachdem die anderen Bilder bereits im Zusammenhang der Ausführungen über das Geheimnis der Kirche zur Sprache gekommen sind. Im dritten und vierten Kapitel wird dieses Volk Gottes in seiner Gliederung im hierarchischen Dienstamt und in den Laien dargestellt. Das alles wird noch einmal unterfangen und abgerundet durch das fünfte Kapitel mit seinem Anspruch, dass alle zur Heiligkeit gerufen sind. Erst dann folgt die Darlegung über den Dienst der Ordenschristen als eine eigene und spezielle Berufung innerhalb des Volkes Gottes und der universalen Berufung zur Heiligkeit, um den Blick zu öffnen auf die endzeitliche Dimension der Kirche und alles zusammenzufassen in der Urgestalt der Kirche, die personal in Maria realisiert ist. Das Konzil hat mit dieser Systematik nicht eine Nivellierung vornehmen wollen, sondern die Gewichte innerhalb des Volkes Gottes genau gesetzt. Wir haben viel zu leicht einen weiten Begriff von Berufung in den letzten Jahren gepflegt und insofern Berufung im kirchlichen Rahmen in vielfältiger Hinsicht äquivok gebraucht. Dieser Begriff ist sicherlich gut geeignet, um die Freiheitsentscheidung des Menschen, um das menschliche Leben als dialogisches Geschehen zwischen Gott und Mensch begrifflich zu fassen. Es tut aber Not, noch einmal genauer zuzusehen, was speziell mit dem Begriff der Berufung gemeint ist.

Vielleicht können Sie das nur biografisch verstehen. Sie werden sagen, weshalb Sie Priester bzw. Ordensmann geworden sind. Sie können es gar nicht anders fassen als im Begriff des Anrufs. Ihr Christsein, Ihre Bestimmung zur Liebe, Ihre Berufung zur Heiligkeit musste sich, wenn Sie dem folgen, was Sie in sich entdeckt haben, verwirklichen in der Gestalt des Amtes bzw. des Lebens in den evangelischen Räten. Sehr schön kann das jeder Einzelne beobachten, wenn er auf den eigenen Primiz- oder Profess-Spruch zurückgreift, in dem er versucht hat, die Summe seiner Erfahrung und seine Perspektive des eigenen Lebensentwurfes zusammenzufassen. Ich habe den Eindruck, dass jeder von uns gerade von diesem Wort aus der Schrift oder der geistlichen Tradition der Kirche ein Leben lang eingeholt wird. Wenn Sie, liebe Mitbrüder, sich dessen neu innewerden und davon anderen erzählen, werden Sie selber neu Feuer fangen und andere anstecken können. Davon bin ich überzeugt.

IV. 1. Berufung im Zeugnis der Schrift vor dem Hintergrund der geistlichen Übungen des heiligen Ignatius

Lassen Sie mich Ihnen nun dadurch eine Hilfe geben. Ich setze also noch einmal neu an und wähle eine Perspektive, die das Christsein und Jüngersein in seiner ursprünglichen Fassung, wie es die Heilige Schrift vorlegt, darstellt. Ich wähle den Zugang zur Schrift über die geistlichen Übungen des heiligen Ignatius, weil beide Quellen gut miteinander korrespondieren. Ignatius geht es um nichts anderes als um die Betrachtung der Schrift im Blick auf den je Einzelnen, der sich im Gebet der Frage öffnet, was Gott von ihm für das Leben will. Die Perspektive ist also die: Gott ist der Bestimmende, der in seiner Freiheit, die reine Liebe ist, sich engagiert und einsetzt für die Welt und deshalb den Einsatz anderer will, um sein Werk mit dieser Welt zu tun. Die Perspektive Gottes, wenn ein Mensch sich fragt, was Gott in seiner Liebe und Freiheit von ihm will, bedeutet: Gottes Sehnen und Trachten zielt darauf hin, Welt und Menschheit zu erlösen – und deshalb ruft er zu Gunsten der anderen Menschen in diesen Dienst.

Dabei ist klar, dass die Erlösung der Welt durch den Tod und die Auferstehung Jesu Christi geschehen ist. Es ist klar, dass Jesus in seinem Wirken gerade als Gestorbener und Auferstandener das Weizenkorn ist, das in die Erde gelegt wurde, um reiche Frucht zu bringen. Anders ausgedrückt: Es ist klar, dass die Ernte Gottes angebrochen ist. Aber genau um dieser Ernte willen sucht und ruft Gott Menschen. Darum lässt er bitten. Dazu lädt Jesus ein, dass der Vater Arbeiter in diese Ernte sende. Diejenigen, die dafür gewählt werden, werden also nicht gewählt, weil sie so den Gipfelpunkt ihrer Existenz erreichen, sondern weil sie ihren Blick darauf richten, dass möglichst viele, ja, alle erlöst werden und zur Ernte Gottes gehören. Das kostet Mühe, selbst wenn die Ernte schon da ist. Es kostet Mühe, weil derjenige, der mit Christus geht, in dessen Haltung und in dessen Leben einbezogen wird.

Ignatius hat das sehr schön dargestellt: Zu Beginn der so genannten zweiten Woche, die der Betrachtung des Rufes Christi insgesamt gewidmet ist, zeichnet er ein Bild. Ein König ruft seine Untergebenen, mit ihm gegen die Ungläubigen zu Felde zu ziehen. Ignatius dient dieses Gleichnis dazu, in Steigerung die Sendung Christi darzulegen. Er sagt wörtlich:

„Wenn wir schon einen solchen Ruf des irdischen Königs an seine Untertanen ernst nehmen, um wie viel mehr ist es dann der Erwägung würdig, Christus, unseren Herrn, den ewigen König, zu sehen, und vor ihm die gesamte und vollständige Welt, an die er als Ganze und an jeden Einzelnen im Besonderen seinen Ruf ergehen lässt und spricht: Mein Wille ist es, die gesamte Welt und sämtliche Feinde zu unterwerfen und so in die Glorie meines Vaters einzugehen. Deshalb: Wer mit mir kommen will, hat sich anzustrengen mit mir, damit er, wie er mir in der Mühsal folgte, so auch mir in die Glorie folge."[2]

Es geht um den universellen Weltplan Gottes, es geht um seine Ernte. Hier ist nicht von der Kirche die Rede, sondern auf der einen Seite von der gesamten und vollständigen Welt und auf der anderen Seite von jedem Einzelnen, vorab jeder kirchlichen Institution. Es geht also nicht in erster Linie um eine Verortung der menschlichen und der christlichen Existenz im Rahmen einer kirchlichen Hermeneutik der Berufung. Es geht vielmehr um den

Einsatz Gottes in der Welt und die Teilhabe der Erwählten an diesem Einsatz.

Das gilt schon im Alten Bund. Abraham wird erwählt, um ein Segen zu sein für die anderen. Er wird erwählt zu Gunsten der anderen. Mose wird erwählt zu Gunsten des Volkes. Elija wird in seiner ganz eigenen Existenz erwählt, um als Prophet zu Gunsten des Volkes Israel einzustehen für den Glauben an Jahwe, um damit Israel selbst seine Berufung vor Augen zu führen. Israel wird berufen zu Gunsten der Heiden. So wird auch die Kirche gebildet zu Gunsten der Welt. Der Einzelne wird berufen zu Gunsten der Nichtberufenen. Hans Urs von Balthasar hat einmal deutlich gemacht, dass dies sogar „im Zentrum wahr ist für Jesus Christus, der von Gott vorbestimmt und damit berufen ist (Röm 1, 4), stellvertretend für alle Verworfenen zu sterben und aufzuerstehen. ... Biblische Berufung ist, am Modell Christi abgelesen, Expropriation einer Privatexistenz zu einer Funktion des universalen Heils: Übereignung an Gott, um von ihm an die zu erlösende Welt übergeben und im Erlösungsereignis gebraucht und verbraucht zu werden."[3]

Daraus aber entsteht erst Kirche. Vorab jeder kirchlichen Bildung beruft Gott Maria, die sich als Magd zur Verfügung stellt, damit an ihr gemäß seinem Wort alles geschehe, was dieses Wort beinhaltet. So werden auch die Apostel berufen. Nehmen wir Petrus als Beispiel, dem sofort die Namensänderung gegeben wird, nicht mehr Simon, sondern Petrus zu heißen. So berichtet jedenfalls die Berufungsgeschichte des Johannesevangeliums. Nachdem Andreas Simon zu Jesus geführt hat, „blickte Jesus ihn an und sagte: Du bist Simon, der Sohn des Johannes, du sollst Kephas heißen. Kephas bedeutet: Fels

(Petrus)" (Joh 1, 42). So wird Matthäus von der Zollstätte weggerufen (vgl. Mt 9, 9). Vorab jeder kirchlichen Bildung sind diese Berufungen die Säulen, sind Grundberufungen zu Gunsten der anderen; aus diesen Berufungen bildet sich Kirche.

Für diejenigen, die zur Gemeinschaft der Kirche gehören, gilt dann aber das, was Paulus im Römerbrief grundlegend formuliert: „Wisst ihr denn nicht, dass wir alle, die wir auf Christus Jesus getauft wurden, auf seinen Tod getauft worden sind? Wir wurden mit ihm begraben durch die Taufe auf den Tod. ... Wenn wir nämlich ihm gleich geworden sind in seinem Tod, dann werden wir mit ihm auch in seiner Auferstehung vereinigt sein" (Röm 6, 3.4a.5), wobei der letzte Satz besser übersetzt würde: Wenn wir nämlich mit der Gleichgestalt seines Todes zusammengepflanzt worden sind. Das ist christliche Existenz gemäß der Wirklichkeit Jesu Christi selbst: hineingenommen zu werden in die Gleichgestalt seines Todes, total in ihn eingepflanzt zu sein. Das aber bedeutet, dass der einzelne Getaufte nicht in erster Linie seine Erwählung bedenkt, sondern durch diese Einpflanzung erwählt ist, in das Erlösungsgeschehen zu Gunsten der anderen hineingenommen zu sein. Das dann ist Kirche grundsätzlich.

Wie die Propheten als Einzelne zu Gunsten des Volkes berufen wurden, um dem Volk Israel ihre eigene Berufung zu Gunsten der Heiden vor Augen zu stellen, so werden aus diesem Gottesvolk der Christen Einzelne gerufen, alles zu verlassen, um die Grundberufung des Christseins, für die ganze und vollständige Welt da zu sein, ins Bewusstsein zu rufen, darzustellen und in ihrem eigenen Leben radikal zu verwirklichen. Dabei übernehmen sie das Modell Christi, der vom Vater gerufen ist, für die ganze verlorene Welt einzustehen. Jesus ist in seiner Existenz der, der den Bund Gottes mit Israel lebt. Er ist derjenige, der die Sendung Israels zu Gunsten der anderen in seiner Existenz vollständig lebt, indem er sich im Gehorsam völlig dem Vater überantwortet, ganz aus der Armut lebt, sich vom Geist führen zu lassen, und seinen Leib eucharistisch verteilen lässt, damit das Weizenkorn wahrhaft Frucht bringt. Das ist seine Lebens- und Existenzweise. In diese beruft er Menschen aus seinem freien Willen, sowie er Maria und die Apostel gerufen hat. Das ist Berufung im eigentlichen biblischen Sinne.

IV. 2. Evangelische Räte

Hier ist nun der Ort, der uns verstehen hilft, was christliche Berufung fordert: nämlich totale Disponibilität, totalen Einsatz und totale Bereitschaft, sich diesem Erlösungswerk zur Verfügung zu stellen. Es geht um die Antwort einer uneingegrenzten Bereitschaft, in der Ganzhingabe der Person gemäß der Gleichgestalt Jesu Christi sich dem zur Verfügung zu stellen, was Gott in der Welt wirkt. Jesus drückt es schlichter aus: Er fordert nämlich, dass diejenigen, die ihm nachfolgen, alles verlassen. Hier sind wir am Kernpunkt christlicher Berufung im speziellen und nicht bloß im univoken Sinn. Es geht um den Ruf in die Nachfolge seines Lebensmodells. Dies aber kann nur bedeuten, völlig bereit zu sein, so wie Maria es getan hat, ja so wie Jesus es selber vorlebt, wenn er sich ganz dem Willen seines Vaters in einem grenzenlosen Gehorsam aussetzt und auf diese Weise durch sein Wirken und Leiden fruchtbar wird, die Ernte Gottes bewirkt. Die Kirche hat im Laufe der Jahrhunderte diese Grunddimension des christlichen Lebens ausgestaltet in der Form der

Evangelischen Räte. Sie sind sozusagen die konkreten Weisen der Nachfolge, die Bereitschaft auszudrücken, sich dem zur Verfügung zu stellen, was Gott braucht, verwendbar zu sein für sein Werk und sein Reich, Arbeiter für seine Ernte zu sein.[4] Sie zeigen konkret, dass der Einzelne sich – wie die Jünger dem Meister Jesus – in freier Verfügung anbietet und deshalb in den Gehorsam eintritt, den der Sohn selber lebt, und aus dessen Kraft er im Heiligen Geist die Erlösung der Welt gewirkt hat. Jungfräulichkeit ist die totale Disponibilität von Leib und Fruchtbarkeit für die eucharistische Verteilung des Leibes Jesu selbst, worin die Ernte Gottes am deutlichsten und dichtesten sichtbar wird. Armut der Berufenen zeigt dann noch einmal sehr deutlich, dass man nichts hat außer Gott, dass die Welt immer ein Stück Fremde und Wüste bleibt und dass in Gott der einzige Reichtum liegt, dem alles andere untergeordnet und zur Verfügung gegeben wird. Das ist der christliche Berufungsbegriff, von einer absoluten Zwecklosigkeit charakterisiert, weil es nur um das Werk Gottes geht.

IV. 3. Ein Blick auf den priesterlichen Dienst

Christus hat Menschen in die Nachfolge gerufen, alles zu verlassen, um ihm und seinem Dienst zur Verfügung zu stehen. Balthasar sagt es einmal schlicht: „Zwischen Jesus und den Menschen beginnt alles mit dem ‚Folgen' … Die Antwort auf seinen Ruf wird beschrieben als das ebenso unmittelbare Alles-Liegen-Lassen und Ihm-Folgen … Dieser Schritt oder Sprung ist für Jesus die Bedingung der Jüngerschaft."[5] Dies gilt grundsätzlich für jeden Jünger, ja es wird zur Grundgestalt des Christen, alles zu verlassen. An der Wurzel der Nachfolge liegt dieses Alles-

Verlassen, wobei klar ist, dass das nicht eine Frage ist, ob man das kann oder nicht; denn menschlich kann man es nicht; auf Grund der Gnade, die das Herz geöffnet hat, kann der Mensch glauben – denn was ist Glaube anderes, als alles zu verlassen? – und sich vollkommen an den Herrn hingeben, um sich von ihm immer mehr in seine Gestalt umformen zu lassen.

Gleichzeitig liegt an der Wurzel dieser Nachfolge auch der Herausruf, noch einmal vom Herrn selbst unterschieden zu werden. Am deutlichsten zeigt sich das in dem Text Mk 3, 13-15. Eindeutig ist davon die Rede, dass Jesus Menschen zu sich ruft, die er will. Er trifft eine Auswahl aus der Gruppe der vielen, die um ihn herumstehen. Er ruft. Bei ihm steht die Wahl. Dass sie zu ihm kommen, ist zwar ihre Antwort, ist aber auch reine Gnade. In einem weiteren Schritt präzisiert er die Sendungen und bestellt zwölf. Der Herr trifft sozusagen eine zweite Auswahl. Alle haben sich ihm in voller Hingabe zur Verfügung gestellt, werden aber in dieser vollen Bereitschaft in ihrer Sendung ausdifferenziert. Sie bestimmt der Herr, der den Gehorsam differenziert. Ausdrücklich benennt der Evangelist für diese Wahl: Sie sollen mit ihm sein und sich von ihm senden lassen, damit sie predigen und Dämonen austreiben. Dies ist die Grundlage für den apostolischen und auch für den priesterlichen Dienst. Hier zeigt sich die enge Verknüpfung dieses Dienstes mit einer tiefen Gemeinschaft mit dem Herrn, mit Jesus. Es geht ja darum, dass sie mit ihm sind. Der apostolische Dienst ist nicht auf irgendetwas allgemein Kirchliches zurückzuführen, sondern findet seine Gründung zusammen mit der Formgebung des Christseins als solches im Herrn selbst. Balthasar sagt einmal: „Das hindert nicht, dass das Funktionelle dieses Sonderauftrags ein besonderer Ausdruck der allgemeinen kirchlichen Funktionsform sein kann. Das Besondere kommt also nicht rein äußerlich-positivistisch zum Allgemeinen hinzu, ist vielmehr eine von Christus her sonderhaft gestiftete Ausprägung dieses Allgemeinen, womit es auch sonderhaft Typos, Vorbild und Vorlage dieses Allgemeinen für alle sein kann und sein soll."[6] Rätestand und Priesterstand gehören deshalb sehr eng zusammen, und die Kirche hat nicht umsonst das Priestertum mit dem Zölibat verknüpft, weil sie davon überzeugt ist, dass diese innere Einheit von Anfang an gegeben war, dass darüber hinaus auch die evangelischen Räte der subjektiven Verwirklichung des objektiven priesterlichen Dienstes am ehesten dienlich sind.

Auch wenn Balthasar von der Funktionsform spricht, denkt er dabei nicht an einen Funktionalismus, sondern an die pro-existente Wirklichkeit Christi. Indem der Einzelne alles auf Gott setzt und deshalb alles andere hintanstellt und in diesem Sinne alles verlässt, alles relativiert, wird er von selbst zu einem Boten Gottes, und kündet er von dem, der ihn eingeladen hat, ganz mit ihm zu sein. Dieses Mitsein bedeutet: in seine Person und Gestalt einzutreten und zwar nicht als bloße objektive Funktion, sondern als Existenzform und Grundgestalt, wirklich als Typus – und Typus bedeutet ja nichts anderes, als dass etwas herausgehämmert, herausgestanzt wird, ein unwiderleglicher Umriss, der Gestalt geworden ist und an dem man sich durchaus stoßen kann. Deshalb sehe ich eine tiefe Verbindung zwischen Zölibat und Eucharistie: Der, der in der Person Christi von meinem Leib und meinem Blut spricht, der gibt seinen Leib und sein Blut ganz hinein in die Braut, die der Herr sich erwählt hat und die er Kirche nennt.

V. Konkretionen und weitere Überlegungen

Liebe Mitbrüder, ich möchte in diesem Zusammenhang auf etwas hinweisen, das mich angesichts unserer personellen und strukturellen Situation immer wieder neu herausfordert und bedrückt. Es hat direkt mit unserem Thema zu tun, weitet allerdings auch den Rahmen, weil es die konkret pastorale Situation und manche existenzielle Not bewusst in den Blick nehmen will. Unsere personelle Situation ist in jeder Diözese in ganz eigener Weise besonders brisant. Das gilt nicht so sehr im Blick auf die Finanzen, sondern im Blick auf die Pfarrstellen, die frei sind, und die früher mit einem Priester besetzt waren. In den zurückliegenden 30 Jahren haben wir diese Personalnot immer wieder neu kommen sehen und jeweils in der Aktualität der Stunde zu überbrücken versucht. Dabei spielte vor allem auch eine Rolle, die Gemeinden möglichst gut und umfassend zu versorgen. Wenn das mit einem Priester nicht mehr möglich war, haben wir Diakone und hauptamtlich in der Seelsorge tätige Mitarbeiterinnen und Mitarbeiter als Ansprechpartner den Gemeinden zur Verfügung gestellt, ohne ihnen direkt die Gemeindeleitung zu übertragen. Sie kennen alle die Not und die Diskussionen, die damit verbunden sind. Die Not der Priester ist dadurch nicht geringer geworden. Bestimmte Aufgaben und Dienste können eben nur von einem geweihten Priester wahrgenommen werden.

Was ist zu tun? So fragen mich dann die Menschen. Alle schauen mit offenen Augen, wie ich antworten werde. Dabei fühle ich, der ich die letzten 30 Jahre diesen Dienst als Priester ausgefüllt habe, und der um die Diskussionen dieser Zeit weiß, einen eigenartigen Druck. Steht die Frage nach den Zulassungsbedingungen, die wir seit dem

Konzil unermüdlich diskutieren, wieder „vor der Tür", nur mit dem Unterschied, dass ich jetzt als Bischof gefragt bin und nicht als Priester? Wie denken Sie, der Sie Bischof sind?, so lese ich aus den Blicken der Menschen. Haben es viele schon aufgegeben, über den Zölibat zu sprechen? Haben viele gedacht, wenn die Ära Johannes Paul II. zu Ende sei, dann käme dieses Thema endlich auf den Tisch? Was war es für ein Aufflackern, als der neue Präfekt der Kleruskongregation, Kardinal Hummes, durch ein Interview in Brasilien dieser Frage und Diskussion neuen Nährboden gegeben hat!

Zum Beispiel denken wir an die Frage der viri probati. Natürlich könnte sich der eine oder andere jemanden aus der Gruppe der Diakone und Pastoralreferenten vorstellen. Dennoch kann ich mich dazu nicht durchringen. Ich frage mich dann, ob ich vielleicht taub bin gegenüber dem Anruf des Herrn, der auch durch die Zeitumstände sprechen kann. Ich kann mich nicht dazu durchringen, den Zölibat zur Disposition zu stellen, weil in mir ein tiefes inneres Unbehagen lebt, die Frage nach dem priesterlichen Dienst mit einer Lockerung in der Zölibatsfrage, wie wir in der Alltagssprache bisweilen sagen, zu lösen. Warum?

a) Es gibt in mir dieses tiefe Unbehagen, mit einer schnellen Lösung zu kommen, weil sie ein bestehendes kirchliches System weiter fortsetzen würde. Meine Frage ist aber, ob der Herr diese Weise von kirchlicher Sozialgestalt überhaupt noch will, da sie meines Erachtens nicht in unsere gesellschaftliche und geistige Situation passt. Wir leben in einer Zeit, in der eine Ära zu Ende ist, die lange die Kirche geprägt hat: Wenn man auf die Welt kommt, wird man Christ. Das gehört einfach dazu. Ob man wieder davon abkommt oder nicht, das ist nicht die Frage.

Zunächst einmal wird man getauft. Das kann sogar von Eltern geschehen, die sich eigentlich gar nicht mehr als Christen verstehen, zumindest der Kirche gegenüber sehr abgewandt sind, vielleicht noch an Weihnachten oder Ostern, vielleicht aber nur noch zur Christmette kommen. Es ist einfach eine bürgerliche Variante, ins Leben hineinzukommen. Dass das statistisch schon gar nicht mehr 100-prozentig stimmt, wissen wir längst. Wir nehmen es vielleicht schulterzuckend zur Kenntnis, prägend für ein Umdenken ist es nicht. Kommt es wirklich darauf an, alle zu versorgen, einen gewissen Standard, den wir immer hatten, zu halten?

b) Wenn ich aber Skepsis habe, dann muss ich auch gleichzeitig sagen, was ich denn als Gegenvariante sehe: Ich meine damit nicht eine pure Entscheidungskirche. Diese Vorlage ist mir zu steil. Hier müssten wir über das sprechen, was Freiheitsentscheidung ist. Wir würden dabei sehr schnell, auch aus eigener Erfahrung, feststellen, dass es eine reine, in der Einsamkeit der Existenz getroffene Entscheidung überhaupt nicht gibt. In allem sind wir irgendwo und irgendwie abhängig. Das gilt auch für die Glaubensentscheidung. Und doch: Eine innere Entschiedenheit, bewusst als Christ zu leben und diese Option allen gängigen Trends und Meinungen zuwider durchzuhalten, ist heute viel gefragter als gestern.

Natürlich halten wir noch viele Institutionen, Kindergärten, Altenheime, Schulen und Krankenhäuser. Wir wissen aber, dass wir die entschiedenen Christen in diesen Institutionen weder in der Gruppe der Klientel noch in der Gruppe der leitenden Angestellten haben. Wir wissen, welche Not es uns bereitet, hier immer wieder neue Kompromisse zu schließen und im Endeffekt dann doch bei den schwierigsten Fragen diejenigen zu sein, die wegen eines moralischen und sittlichen Fehlverhaltens, sei es auch nur vermeintlich, ein Nein sagen müssen.

c) Wir brauchen eine andere Sozialgestalt von Kirche. Für mich sind die Fragen der Pastoral nicht geklärt, wenn der Zölibat aufgehoben oder gelockert ist. Für mich ist es vielmehr die Frage, ob uns die Situation nicht neu herausfordert, uns zu besinnen, worauf es beim priesterlichen Dienst als einem sakramentalen in der Kirche verankerten Amt ankommt, das so sehr zusammenhängt mit der Nachfolge, alles zu verlassen. Dann kommen wir wieder an Fragestellungen heran, die zu allen Zeiten gültig waren, die sich aber je neu in eine bestimmte gesellschaftliche Situation inkarnieren mussten. Dabei spielte der Widerpart zum gängigen Trend eine nicht geringe Rolle.

d) Was würde der Kirche fehlen, wenn es die Lebensform der evangelischen Räte nicht mehr gäbe? Für mich ist das eine ganz entscheidende Frage. Stünde die Kirche nicht in der Gefahr, eine bürgerliche Gesellschaftsform zu sein? Was ginge alles verloren, wenn niemand mehr sähe, dass die Nachfolge Christi Nachfolge in seine Lebensgestalt hinein ist und deshalb seine Lebensweise konkret im Alltag umsetzt, im Gehorsam, in der Armut und in der Armut des Leibes, die die Jungfräulichkeit darstellt? Und ist nicht ein tiefer Gedanke verloren, wenn es den zölibatären Priester nur noch als Ausnahme gibt, nämlich der Gedanke und die Wirklichkeit, dass der Herr seinen Leib und sein Blut total und ganz seiner Braut, der Kirche, die er sich in seinem Kreuz angetraut hat, gibt, und dass das sich auch ausprägen muss in dem, der in der Person Christi handelt? Es ist schon eine Frage, warum dieser tiefe Gedanke nicht mehr präsent ist, und was uns bereits verloren gegangen ist, dass man den Eindruck hat, wenn man mit einer solchen These kommt, käme man von einem fremden Stern!

e) Braucht gerade eine völlig sexualisierte Welt nicht dieses Zeugnis? Dass wir in unseren Gemeinden das Sensorium für diese Dimension christlichen Lebens, christlicher Lebensform verloren zu haben scheinen, stellt ein größeres Problem dar als die Tatsache, dass die finanziellen Ressourcen immer knapper werden: Kirche droht die Verbürgerlichung. Gisbert Greshake hat kürzlich, auf Hermann Hesses Roman „Der Steppenwolf" Bezug nehmend, versucht, den Begriff des Bürgerlichen zu illustrieren. Danach ist der Bürgerliche einer, der nicht in Extremen, sondern „in temperierter Mitte" leben will. Wörtlich heißt es dort: „Nie wird er sich aufgeben, sich hingeben, ... im Gegenteil, sein Ideal ist nicht Hingabe, sondern Erhaltung des Ichs, sein Streben gilt weder der Heiligkeit noch deren Gegenteil. Unbedingtheit ist ihm unerträglich."[7]

f) Was aber bedeutet das angesichts unserer Not, die ja überhaupt nicht zu leugnen ist, und die immer schwerer und größer wird und wächst? Ich kann nicht mehr jede Stelle mit einem Priester besetzen. Ich kann nicht mehr Priester für die Schulen, für die Krankenhäuser, für die Jugendarbeit zur Verfügung stellen. Ich sehe, dass die Seminare kleinere Zahlen schreiben. Natürlich bete ich um Berufungen. Natürlich hoffe und vertraue ich. Und das sage ich nicht bloß, sondern mein Wort ist gefüllt mit der tiefen inneren Überzeugung, dass ein anderer die Kirche führt. Deshalb, liebe Mitbrüder, habe ich Ihnen auch ein kleines Gebet heute als Dank für diese Einladung mitgebracht, das nachher verteilt wird. Ich bete es immer nach jedem Gesätz des Rosenkranzes:

Jesus Christus, du göttlicher Sämann.
Senke in die Herzen vieler
den Samen der göttlichen Berufung ein.
Lass diesen Samen guten Boden finden
und wachsen und Frucht bringen
Für deine Kirche und für die ganze Welt.
Amen.

Das ist das Gebet. Aber ich muss auch handeln. Handeln muss ich, indem ich den Priestern jetzt zu Hilfe komme. Ich kann nicht mehr dauernd davon sprechen, dass dieses und jenes und alles getan werden müsste. Es ist nicht mehr alles zu tun, weil es nicht geht.

Verzeihen Sie, wenn ich an dieser Stelle ein etwas ungewöhnliches Bild gebrauche. Manchmal sieht man an den Straßen einen großen Tank, auf dem geschrieben steht: „Ich bin zwei Öltanks." Das mag vielleicht dort gelten. Aber niemand kann als Priester, der drei oder vier Pfarreien hat, sagen: Ich bin vier Pfarrer. Nein, ich bin nur ein Bischof. Ich bin nur ein Priester! Das muss gelten. Deshalb braucht es Hilfen, durch geistliche Entscheidungsfindung in Gemeinschaft zu entdecken, was wir nicht mehr tun sollen, was wir aber auf jeden Fall tun müssen. Ich spreche hier nicht vom so genannten Kerngeschäft, weil ein solcher Begriff nicht zu meiner Sprache gehört. Aber ich denke, dass das Schreckbild vom so genannten Kultpriester endlich aufhören muss. Verkündigung des Wortes Gottes und Feier der Sakramente mit der dementsprechenden tiefen Vorbereitung, die Befähigung von mündigen Christen zum Glaubenszeugnis, das scheint mir zunächst einmal das zu sein, worauf es ankommt. Was spenden wir noch an Sakramenten außer der Feier der heiligen Messe? Wie viele Krankensalbungen, wie viele Beichten, wie viele Trauungen kann jeder von uns im Laufe eines Jahres als Statistik aufführen? Es werden nicht so viel sein. Die Zahl der Religionsstunden hält sich in Grenzen. Trotz alledem kommen viele von uns sich wie abgehetzte Hunde vor.

g) Gewissenserforschung tut in der Tat Not: Wo setze ich die Akzente? Habe ich Zeit zum Gebet, oder kommt das Gebet zu kurz und deshalb alles zu kurz? Gibt es vielleicht Wochen, in denen ich vielleicht nur einmal zelebriere? Wie viele Zeiten verbringe ich unnötig am Computer? Wo surfe ich durch das Internet, und es ist weder nötig noch ungefährlich?

Was bedeutet es, wenn ich einmal mit einem Pfarrgemeinderat positioniere, was mein Grundauftrag als Priester ist, und was an weiteren Aufgaben auf viele Schultern verteilt werden kann?

Und: Genügt es nicht eigentlich für ein christliches Leben, durch die Feier der Eucharistie und eine tiefe geistliche Homilie – ich verwende diesen Begriff bewusst und setze ihn gegenüber einer Moral- und Informationspredigt ab – ausgestattet zu werden, vor Ort in Beruf und Familie, im Alltag des Lebens Christ zu sein? Brauchen wir eigentlich mehr? Ja, vielleicht Glaubensgruppen. Ich muss mich hier verbessern: Wir brauchen Glaubensgruppen. Aus diesen Gruppen können lebendige Zellen des Glaubens erwachsen. Die Frage ist nur, ob ich immer dabei sein muss, oder ob es nicht besser ist, sie zu initiieren und auf Dauer Animator für diejenigen zu sein, die sie leiten. Ich kann das hier nur andeuten. Es müsste viel länger entfaltet werden.

Wir haben durch die Würzburger Synode gelernt, von einer versorgten zu einer sich selbst versorgenden Gemeinde zu kommen. Das Ziel haben wir nicht erreicht, auch wenn wir oft dieses Zitat der Synode im Munde führten. Ist es jetzt nicht auf größere Weise gefordert?

VI. Schluss: Mensch – Christ – Mut zu mehr

Liebe Mitbrüder, ich möchte auffordern, dass wir uns unserer eigenen Identität und unserer Würde bewusst werden. Deshalb wage ich auch das völlig ungewöhnliche Bild für den Priester zu wählen, das im Bild vom Freund des Bräutigams besteht. Wir haben etwas mit Kult zu tun, und Kult, das hat uns Josef Pieper gelehrt, hängt mit Muße zusammen. Wenn wir aus der Muße der Betrachtung des Wortes Gottes, der Feier der Eucharistie und des Gebetes kommen, dann haben wir alles abgegeben, was nach Machen, Funktion und Technik aussieht. Priestertum ist antifunktional. Beim priesterlichen Dienst geht es nicht um Technik und Machen, es geht um die Ästhetik, um die Kunst, sich immer neu in seine Führung zu begeben und seiner Sendung anzuvertrauen. Er wählte sie aus, damit sie mit ihm seien und er sie sendet! Das bleibt unser Grundmuster, unsere Grundgestalt. Ich gebe es nicht auf, zu ermutigen, zunächst einmal das Steuer umzuwerfen und Männer des Gebetes zu werden, sich die Sendung des Herrn neu schenken zu lassen.

Liebe Mitbrüder, wir haben dieses Thema in einem weiten Horizont abgeschritten. Vielleicht kann man es auch ganz schlicht und einfach zusammenfassen, indem man sich aus diesem Tag heraus vornimmt, nach der Heiligen Kommunion jedes Mal den Text des Hingabegebetes, des Suscipe, dieses lateinische Wort zu beten:

„Übernimm, Herr, meine ganze Freiheit, mein Gedächtnis, meinen Verstand, meinen ganzen Willen. Alles, was ich habe oder besitze, hast du mir geschenkt. Zu dir hin wende ich es zurück, damit du es verwendest nach deinem Willen. Nur deine Liebe gib mir mit deiner Gnade. Dann bin ich reich genug. Denn diese genügt mir." (EB 234)

Das ist das Mehr, zu dem der Herr uns ermutigt. Wir brauchen keine Sorge zu haben, es nicht zu können. Schließlich ist der Herr es selbst, der sich anbietet und zu uns sagt, wir sollen von ihm alles empfangen, sein Leben, sein Fleisch und sein Blut, alles, was er hat und besitzt. Er gibt uns so seine Liebe und Gnade und wartet darauf, dass wir sie annehmen. Wenn das nicht Ermutigung ist!

Liebe Mitbrüder, ich danke Ihnen und ich möchte Sie einladen, alles wieder zu vergessen und dies alles nur als eine Melodie verstanden zu haben, auf der Sie den eigenen Primizspruch im Hintergrund neu zum Klingen gebracht haben. Vielleicht haben Sie damit wahrhaftig genug.

1 Zit. nach J. Domek [Hg.], Im entscheidenden Augenblick, Paderborn 2006, 79.

2 Exerzitienbuch [EB] 95.

3 Hans Urs von Balthasar: Berufung, in: Die Antwort des Glaubens, Freiburg 2005, 175-203, hier 180.

4 (Vgl. Balthasar, a.a. O. 186)

5 H. U. von Balthasar, Nachfolge und Amt, in: Sponsa Verbi, Einsiedeln 1961, 86.87.

6 Ebd. 144 - 145.

7 G. Greshake, Amt in radikaler Nachfolge. Zur Theologie des sakramentalen kirchlichen Amtes bei Hans Urs von Balthasar, in M. Striet / J. – H. Tück (Hrsg.), Die Kunst Gottes verstehen. Hans Urs von Balthasars theologische Provokationen. Freiburg 2005, 289-319, hier 318.

Priester-Sein
Stärkung zum Christ-Sein

Bischofswort zur Fastenzeit 2010

Verehrte, liebe Schwestern und Brüder im Glauben,

vor fast einem Jahr habe ich meinen Dienst als Bischof von Münster begonnen. Damals habe ich an ein Wort des heiligen Bischofs Augustinus erinnert, das ich heute gern wiederholen möchte: „Für euch bin ich Bischof, mit euch bin ich Christ." Im zurückliegenden Jahr durfte ich dies hier im Bistum Münster erfahren, und ich möchte heute meinen Dank für die herzliche Aufnahme bei Ihnen bekunden. Ich habe erfahren dürfen, dass ich mit Ihnen Christ sein darf. Ich habe aber auch erleben können, wie die Aufgabe mich herausfordert, für Sie Bischof zu sein.

In den Lesungen des heutigen 2. Fastensonntages begegnen wir diesen beiden Dimensionen des Wortes: „Für euch bin ich Bischof, mit euch bin ich Christ": Die Jünger Petrus, Jakobus und Johannes machen mit Jesus eine eigene Erfahrung, sodass Petrus ausruft: „Meister, es ist schön, dass wir hier sind" (Lk 9, 33). Sie werden von der Stimme aufgefordert, auf den auserwählten Sohn des Vaters zu hören. Sie werden erzählen, dass sich in Jesus Christus Gott endgültig offenbart hat, wie er es bisher weder bei Mose, dem großen Führer des Gottesvolkes, noch bei Elija, dem großen Propheten Israels, getan hat.

In der ersten Lesung haben wir gehört, dass Gott mit Abraham einen Bund eingeht. Der Glaube Israels bekennt: Gott ist nicht fern von uns, sondern er will unser Gott sein, sich mit uns Menschen verbinden. Im Menschen Jesus hat er das unüberbietbar gezeigt. Petrus, Jakobus und Johannes dürfen erfahren: Im Leib dieses Menschen Jesus steckt die ganze Herrlichkeit Gottes. Wer mit ihm zu tun hat, hat mit Gott zu tun. Deshalb ist es schön, mit ihm zu sein; und das soll, wie der Apostel Paulus seiner Lieblingsgemeinde in Philippi sagt, auch bei uns einmal endgültig so sein, weil Christus „unseren armseligen Leib verwandeln wird in die Gestalt seines verherrlichten Leibes, in der Kraft, mit der er sich alles unterwerfen kann" (Phil 3, 21). Diejenigen, die ihn auf dem Berg der Verklärung erlebt haben, werden ebenso wie Paulus zu Zeugen seiner Auferstehung. Durch ihr Zeugnis können auch wir glauben.

Die Apostel haben mit den Menschen ihrer Zeit an den lebendigen Christus geglaubt. Sie waren mit ihnen Christ. Aber sie waren zugleich auch für die Menschen Zeugen der Auferstehung. Paulus hat es deshalb sehr geschmerzt, wenn es Menschen in den Gemeinden gab, die dieser Botschaft nicht geglaubt haben, die sich konzentriert haben auf die rein irdischen Dinge. Wir haben eben gehört, dass der Apostel sie sogar als „Feinde des Kreuzes Christi" (ebd. 18) ansieht, aber „unter Tränen" (ebd.) von ihnen spricht.

Christ zu sein bedeutet, Gemeinschaft mit diesem Jesus von Nazaret zu haben, Gemeinschaft mit Gott zu haben, der als Vater seinen Sohn der Welt schenkt und uns in seinem Geist zu Brüdern und Schwestern Jesu macht. Das ist unsere Würde als Christen. Das haben wir in der

Taufe empfangen. Das wird uns gerade in dieser österlichen Bußzeit neu bewusst. Das werden wir auf dem Höhepunkt des Kirchenjahres, in der Osternacht, in ganz besonderer Weise feiern, wenn wir unser Taufbekenntnis erneuern. In der Feier der Osternacht weiß ich mich immer in besonderer Weise mit allen Schwestern und Brüdern verbunden, weil auch ich mit Ihnen allen dankbar meinen Glauben bekenne und meine Bereitschaft bekunde, allem Bösen abzusagen und nicht auf die rein irdischen Dinge konzentriert zu bleiben. So werde ich auch in diesem Jahr in der Osternacht und aus der Feier dieses Geheimnisses heraus mit Ihnen Christ sein.

Ich wünsche Ihnen von Herzen, dass Sie alle sich der Würde bewusst sind, zum Gottesvolk zu gehören, oder wie es die Schrift sagt, „zum königlichen Priestertum" (vgl. 1 Petr 2, 9).

Liebe Schwestern und Brüder, dieses wunderbare Geschenk unserer Berufung will Tag für Tag wachsen, sich ausbreiten in alle Dimensionen unseres Lebens hinein. Deshalb braucht es Nahrung, Inspiration, Anregung, immer wieder neue Impulse. Wenn dieses Christsein verdorrt, können wir für die Menschen, die Jesus nicht kennen, kein Zeichen sein, das auf ihn hinweist. Dann kann unser Leben nichts durchstrahlen lassen von dem, was wir im Glauben empfangen haben. Wir als Kirche sind gewissermaßen Sakrament, Zeichen für die Verbindung, die Gott mit der Menschheit eingeht und immer neu knüpft wird. Aber dieses Leben braucht die ausdrücklichen Zeichen, die Sakramente, in denen uns in großer Dichte dieses Heil begegnet: Die Taufe, das Sakrament der Eucharistie, die Beichte, die uns immer wieder neu orientiert und ausrichtet auf unser christliches Leben, und die heilige Salbung zur Stärkung der Kranken. Es braucht die Verkündigung des Wortes Gottes, das unser tägliches Brot sein will. Es braucht den Impuls, dass wir nicht vereinzelt unser Christsein leben, sondern in Gemeinschaft mit vielen Schwestern und Brüdern in einer Gemeinde und weit über den eigenen Kirchturm hinaus verbunden sind.

Deshalb bin ich als Bischof für Sie da. Deshalb sind meine Mitbrüder im priesterlichen Amt für Sie da. Das ist die innere Dimension unseres Dienstes. Im Amt des Priesters und des Bischofs wird deutlich: Was alle Christgläubigen durch Jesus empfangen haben, ist reine Gabe. Wir können es uns nicht selber geben, wir können es nur immer wieder neu von ihm her empfangen. Wenn ich mit meinen Brüdern im Priesteramt für Sie da bin, dann, um an diesen Ursprung Jesus Christus zu erinnern. Das ist unsere erste Aufgabe. Insofern ist es zunächst einmal wichtiger, was der Priester durch die Weihe, also sakramental, ist, als das, was er praktisch tut. Wichtiger als all seine Funktionen und Aufgaben ist es, dass er von Christus her berufen ist, sprechendes Zeichen dafür zu sein: Der Herr ist auch heute unter uns, und wir können deshalb sagen: „Jesus, Meister, es ist schön, dass wir bei dir sind."

Deshalb möchte ich in diesem Jahr, das Papst Benedikt XVI. zum Priesterjahr erklärt hat, die Gelegenheit nutzen, meinen Mitbrüdern im priesterlichen Dienst Dank zu sagen für ihre Sorge um die Menschen und ihre Gemeinden. Ich weiß, dass viele Priester sagen: „Ich bin gerne dabei." Liebe Schwestern und Brüder, auch wenn Sie in Ihren Gemeinden an manchen Sorgen und Belastungen aufgrund der gewaltigen Umbrüche in unserer Kirche Anteil haben, auch wenn Sie dabei erfahren, dass ein Priester mitunter diese Freude nicht immer spüren lässt, so wünsche ich Ihnen, dass Sie dennoch erfahren: „Es ist gut, dass er mit uns Christ und für uns da ist."

Es wäre schön, wenn in diesem Priesterjahr in den Gemeinden die Dankbarkeit für den priesterlichen Dienst wächst. Warum nicht einmal Ihre Priester fragen nach dem Weg ihrer Berufung, nach dem, was sie innerlich umtreibt, diesen Dienst zu tun? Ich könnte mir vorstellen, dass Sie im Pfarrgemeinderat darüber sprechen, was der priesterliche Dienst für den Einzelnen bedeutet. Könnte dann nicht auch ein Klima wachsen, in dem die Priester erfahren: „Meine Schwestern und Brüder in den Gemeinden überfordern mich nicht mit ihren Erwartungen, sondern sie wollen wirklich das von mir, wozu ich Priester geworden bin." Vielleicht wächst dann auch die Liebe zu diesem Amt, das nichts anderes sein will als Durchgabe der Gnade Gottes in Wort und Sakrament.

Manchmal bedrückt mich, wenn ich Menschen in den Gemeinden begegne, die von meinen priesterlichen Mitbrüdern Dinge erwarten, die sie gar nicht tun können, vor allem weil diese Erwartungen nicht unmittelbar mit dem zu tun haben, was die wesentliche Aufgabe des Priesters ist: Uns zu stärken darin, Christ sein zu können. Ich will die Schwierigkeiten nicht verschweigen, die die neuen Strukturen mit sich bringen. Auch möchte ich bekennen, dass ich mich selbst in einer Suchbewegung befinde, wie diese Strukturen im Einzelnen inhaltlich gestaltet werden sollen. Aber über eines bin ich mir klar: Die geistliche Dimension unseres Dienstes bleibt der Schwerpunkt. Nur im Miteinander und in der Kooperation mit Hauptberuflichen und ehrenamtlich Tätigen, mit den vielen Geistesgaben, die in unseren Gemeinden sind, können wir heute Kirche bilden. Der Priester ist kein Einzelkämpfer, gerade weil er mit allen Christ ist. Aber er will auch für alle da sein und dazu beitragen, dass der Glaube an Jesus wächst, dass wir immer wieder der Stimme, die heute im Evangelium erklingt, folgen: Das ist der erwählte Sohn des Vaters, auf ihn sollen wir hören.

Je mehr wir uns bewusst sind, wie kostbar unsere christliche Berufung ist, umso stärker werden wir auch danach verlangen, dass es Priester gibt, die uns darin stärken. Was wir für die Zukunft unserer Gemeinden brauchen, ist eine Atmosphäre, in der Berufungen wachsen können: Berufungen dazu, bewusster Christ zu sein, aber auch Berufungen dazu, sein Leben ganz Jesus und seinem Evangelium zu schenken, wie es gerade im priesterlichen Dienst ausdrücklich und zeichenhaft dargestellt wird. Deshalb kann ich Eltern nur Mut machen, nicht davor zurückzuschrecken, wenn einer ihrer Söhne den Wunsch äußert, Priester zu werden. Ja, die Eltern sind eigentlich, wie es einmal ein Mitbruder gesagt hat, die ersten Priester für ihre Kinder. In der Familie beginnt diese Atmosphäre der Berufung, die Petrus so wunderbar ausdrückt: „Es ist schön, dass wir bei dir sind."

Wenn wir uns auf diesen Weg machen, kann sich bei allen Umbrüchen unser Blick wandeln auf das, was bereits an Neuem wächst. Wir werden nicht als erstes auf die Schwierigkeiten schauen, sondern auf das Kostbare, das uns in Christus geschenkt ist. Ich möchte Ihnen wünschen, dass die Priester in Ihren Gemeinden ebenso wie der Apostel Paulus zu seiner Lieblingsgemeinde in Philippi sagen: „Ihr seid meine geliebten Brüder und Schwestern, meine Freude und mein Ehrenkranz. Deshalb steht doch fest in der Gemeinschaft mit dem Herrn" (Phil 4, 1).

Liebe Schwestern und Brüder in der Kirche von Münster, in diesem Jahr, in dem ich dabei bin, hier meine Heimat zu finden, bin ich durch viele Begegnungen dahin geführt worden, dieses Wort des Apostels Paulus auch im Blick auf Sie sagen zu dürfen. Heute möchte ich Sie herzlich bitten, für unsere Priester zu beten, damit sie ihrer Berufung in ihrem inneren Kern nachkommen können. Ich bitte Sie, für unsere Priester zu beten, dass sie ihrer Berufung treu bleiben. Eine monatliche Gebetsstunde vor dem eucharistischen Herrn, bewusst in diesem Anliegen gestaltet und zugleich mit der Bitte um Priesterberufungen verbunden, kann dazu ein guter Beitrag sein. Auch eine gestaltete Einheit der stillen Betstunden am Gründonnerstagabend kann dieses Anliegen ins Blickfeld rücken. Auch möchte ich eine Anregung von Bischof Reinhard aufgreifen, sich in einer Gebetsgemeinschaft des Bistums zusammenzuschließen in dem Anliegen, um Priester- und Ordensberufungen zu bitten.

Von dem Theologen Hans Urs von Balthasar stammt das Wort: „Das Christentum will ja nicht an sich wahr sein, es will in uns wahr sein, wir selbst, in unserem Leben, in unserem Glauben, Hoffen und Lieben, unserem Leiden und Siegen, wir sollen die Zeugen des Herrn sein" (Du krönst das Jahr mit deiner Huld, S. 56).

Ich danke Ihnen für Ihr Zeugnis. Möge die kommende Zeit unser aller Zeugnis reinigen und stärken. So wünsche ich Ihnen eine gnadenreiche österliche Bußzeit und dann eine erfüllende Feier des Osterfestes. Dazu segne Euch der allmächtige Gott, der Vater und der Sohn und der Heilige Geist. Amen.

Ihr
Bischof Felix